paixão pela Vitória

Pessoal | Profissional

Samer Agi

paixão pela Vitória

Pessoal | Profissional

4ª edição

2022

EDITORA *Jus*PODIVM
www.editorajuspodivm.com.br

EDITORA *Jus*PODIVM
www.editorajuspodivm.com.br

Rua Canuto Saraiva, 131 – Mooca – CEP: 03113-010 – São Paulo – São Paulo
Tel: (11) 3582.5757
• Contato: https://www.editorajuspodivm.com.br/sac

Copyright: Edições *Jus*PODIVM

Coordenação: Mila Gouveia

Diagramação: Equipe *Jus*PODIVM

Capa: Marcelo S. Brandão *(santibrando@gmail.com)*

A267p Agi, Samer.
Paixão pela vitória: pessoal e profissional / Samer Agi. – 4. ed. – São Paulo: Juspodivm, 2022.
352 p.

Bibliografia.
ISBN 978-85-442-3868-4.

1. Didática - Métodos de ensino instrução e estudo. 2. Métodos de estudo (para casa, livro de anotações, relatórios escritos. 3. Motivação. 4. Orientação vocacional e profissional. I. Agi, Samer. II. Título.

CDD 371.425

APRESENTAÇÃO ÀS 2ª A 4ª EDIÇÕES

Quando decidimos publicar o livro, decidimos lançar uma semente no mercado editorial jurídico, até então pouco explorada. Decidimos contar a história de alguém que passou por diversos obstáculos, que experimentou dissabores em igual medida aos experimentados pelos atuais concurseiros, mas que conseguiu prosseguir. A persistência, a fé e a disciplina produzem resultados inimagináveis.

Na vida, as sementes que lançamos podem ser o início de uma grande árvore. Mas, quando as lançamos, nunca sabemos qual será a sorte de cada uma. A 1ª edição do livro "Paixão pela Vitória" foi um sucesso. Durante inúmeras semanas, estivemos na lista dos mais vendidos da editora. Dois anos depois, ainda era possível encontrar nosso livro entre os mais vendidos e, talvez, o mais bem avaliado. A semente nos conduziu a uma árvore maior do que imaginávamos.

Nesta edição, acrescentei 40 crônicas. É uma forma de homenagear os que nos homenageiam.

Espero que a obra desperte em você um sonho adormecido e que, tendo se levantado, nada seja capaz de interrompê-lo. Uma missão exige uma inabalável convicção e uma enorme disposição ao sacrifício. Que cada um de nós cumpra a sua!

Ótima leitura!
Um abraço,
Samer

APRESENTAÇÃO À 1ª EDIÇÃO

William Shakespeare, em "O mercador de Veneza", nos ensina que o perdão é dupla benção: abençoa quem é perdoado, porque se sente livre, e abençoa quem perdoa, porque se sente melhor.

Um dia publiquei um texto em um grupo no Facebook. Era texto pequeno, não mais do que cinco parágrafos. Para minha surpresa, algumas centenas de pessoas se identificaram com aquelas linhas, ou melhor, parece-me, que com as entrelinhas, que falaram ao espírito do leitor.

Percebi que Shakespeare tinha razão. Mas o dramaturgo foi comedido. Não é só o perdão que é dupla benção, mas qualquer atitude que possa ser traduzida em "fazer o bem" é dupla providência divina. Quando escrevo ao leitor, que se identifica, que se motiva e que se encontra, com certeza, ele é abençoado. Mas, quando vislumbro o resgate do gosto pela batalha, quando percebo-me incendiário de um coração sem chamas, o prazer é, em grande parte, meu. Portanto, a benção é dupla.

A ideia da obra é fazer renascer (ou nascer) no leitor a paixão por vencer, seja no concurso público, seja em outra área profissional, seja em qualquer ramo da vida. Uma existência apaixonada pelo desafio.

Quem decidir ler esta obra, que não é grande, diga-se de passagem, verificará que disciplina e pragmatismo fazem enorme diferença na vida de quem os tem. O leitor concluirá que a fé é combustível de um carro guiado por cada um de nós. E que, sem fé, é impossível mover-se em qualquer direção.

Se você pretende, de alguma forma, alimentar-se de uma inspiração fundamentada em caso concreto e promover a conciliação entre seu coração e sua mente, coloco esta obra, humildemente, à sua disposição.

Agradeço à editora Juspodivm e, especialmente, à professora Mila Gouveia, o convite!

A obra destina-se a você, ser humano, meu único público-alvo.

Atenciosamente,

Samer Agi

SUMÁRIO

CRÔNICAS
(#focanatoga e #focanatoga2)

CAPÍTULO 1

COMO TUDO COMEÇOU

São 05:50h. Meu despertador toca. Hora da corrida (45 minutos). Em seguida, tomo um banho rápido, já que às 7 horas começa o francês. Às 09, chego ao CP IURIS (curso jurídico). Um café e, em seguida, dou aula até às 11:30h. Pausa. Almoço no restaurante "por quilo" mais próximo. 12:00h, ligo o carro e vou ao fórum de Sobradinho. Processo, audiência, processo, advogado, processo. 19 horas, retorno ao curso. 20:30h, término das aulas de hoje. Vou para casa. Como um peixe grelhado e uma salada (dessas prontas de supermercado). Sento-me na poltrona. Às 21:40h, respondo e-mails. 22h, leio algumas páginas de "O Alienista". Levanto-me. Vou ao banheiro. Deito-me. Leio a bíblia. 23:15h, durmo.

A descrição acima narra um estilo de vida que me acompanha desde sempre. Claro que eu nunca imaginei que seria assim. Aos 16 anos, imaginava que, na idade adulta, poderia acordar mais tarde. Hoje, anos depois, acordo mais cedo. Mas, como disse Machado de Assis, "dormir é modo interino de morrer". E morrer, mesmo que por algumas horas a mais, não está entre meus planos.

Durante toda a minha vida tenho seguido alguns "mandamentos". Com certeza, consciente ou inconscientemente, tratarei de cada um deles nesta obra.

Um deles é a disciplina. Disciplina não é prisão. Pelo contrário, é alvará de soltura. É a libertação de uma mentalidade irracional, instintiva e preguiçosa. O indisciplinado faz o que quer fazer agora, mas se esquece dos efeitos do seu imediatismo.

A história da vida disciplinada começou muitos anos antes. Talvez aos 12. Talvez antes disso. A verdade é que, quando eu tinha 10 anos, me saí muito mal em algumas provas da escola. Recebi os testes e, em vez de levar para os meus pais verem, embolei os papéis e joguei no telhado da casa vizinha ao colégio. Ironia do destino ou não, o vento se encarregou de trazer de volta ao pátio da escola as minhas provas. A diretora pegou aquela bola de papel, desamassou com todo o cuidado do mundo e chamou minha mãe. Segundo a "delicada" dirigente, quem era capaz de fazer aquilo (jogar as provas no vizinho) tinha tendências à delinquência. Provavelmente, um marginal. Minha mãe voltou para casa arrasada. Eu era, possivelmente, um "sem futuro".

Só que eu tinha mais 4 meses de aula. E, em 4 meses, minhas notas no colégio dispararam. Resultado? A diretora foi obrigada a me entregar a medalha de 2º lugar do colégio ao final do ano. E foi assim que nasceu em mim, pela primeira vez, a paixão por vencer. O gosto de "dar a volta por cima" não tinha preço. Continua não tendo...

Quando você ocupa uma posição de destaque, a pressão aumenta. É delicioso você ser bem visto, bem quisto e bem tratado. Só que isso só vai continuar se você continuar mostrando resultado. Se um dia, você cair, não se iluda: você será pisoteado. A sociedade caminha e se você estiver jogado ao chão, ela passará em cima. É histórico.

A partir daquele momento, eu me enchi de vaidade e comecei a estudar. As primeiras colocações se tornaram rotina. Mas, no fundo, eu nem achava tanta graça naquilo. O que me encantava era a vaidade do conhecimento. Saber resolver o problema.

Água mole em pedra dura... Depois de muito tempo, eu me tornei amigo dos livros. Aos 15, comecei a dar aula na escola. Algumas, de graça. Em outras, eu cobrava 5 reais por participante. Lucrava 30 reais e garantia o final de semana. Talvez nesse momento, tenha brotado o gosto por ser professor.

Os anos foram se passando.... Estamos em 2005. Ano do meu vestibular. Calma, não faça contas. Números não são importantes agora. A minha família, praticamente toda, é formada por médicos. E, como todo bom filho, eu deveria fazer medicina. Só que eu sou o caçula. E o caçula gosta de contrariar. Decidi fazer direito.

Digo que decidi fazer direito, atendendo a um chamado, sem saber o propósito de quem me vocacionava. Mas, algum tempo depois, comecei a entender o motivo.

A minha história com o direito (que ainda é curta, diga-se de passagem) começa com uma derrota. Uma baita derrota para mim.

Eu havia decidido estudar a ciência jurídica na Universidade de São Paulo. No ano do vestibular, estudei com mais afinco do que nunca. Passei na primeira fase dentro do número de vagas. Mas, na segunda, aconteceu uma coisa...

Fui fazer a prova em Ribeirão Preto. Ônibus e quarto divido com alguém escolhido pela excursão. Escolheram um cara de que não sei o nome, mas que mudou o rumo da minha vida sem querer.

Um dia antes da prova de história, eu peguei o caderno do meu colega de quarto. Abri o caderno e vi um desenho. Pensei: isto é estilo barroco. Mas estava escrito embaixo: estilo greco-romano. Fiquei na dúvida. Fui dormir.

No outro dia, quando abri a prova de história, lá estava o desenho. O mesmo. Meu Deus! Um sinal? Serei aprovado? Coloco barroco ou greco-romano? Confiei no caderno de um cara que eu nunca tinha visto na vida, e não na minha bagagem. Coloquei greco-romano.

Resultado? Fui reprovado por alguns décimos na segunda fase da USP. Se tivesse colocado barroco, teria me mudado para São Paulo e minha vida teria sido completamente diferente.

Lição número um:
a derrota de hoje pode ser só um estilingue que levará você para muito mais longe.

CAPÍTULO 2

LIGANDO PONTOS

Fui fazer Direito na Universidade Federal de Goiás. Para muitos, aquilo era uma conquista (e era). Mas, para mim, uma derrota amarga, bem amarga.

Pensei: e agora? Agora, eu tinha que tirar a diferença, uma espécie de "compensação". E eu levei isso muito a sério.

Pelas normas da faculdade, o aluno era obrigado a cumprir 300 horas extracurriculares até o final do curso. Horas gastas em congressos, seminários e palestras. Eu cumpri todas no primeiro ano.

Sem saber da envergadura de certos doutrinadores, no primeiro período de faculdade, participei de seminários e conversei (não mais do que duas palavras) com José Gomes Canotilho, Eugênio Raúl Zaffaroni, Luís Roberto Barroso (à época advogado) e Jorge Miranda. Eram as cabeças do Direito na minha frente e eu sem qualquer noção daquilo.

Mas a experiência foi válida. Em uma das palestras, a do hoje Ministro Barroso, o professor explicou sobre mandados de criminalização. Em síntese, é uma ordem da Constituição para que o legislador torne certas condutas crimes. Não sabia por qual motivo, mas aquilo havia me marcado. Três anos depois, eu prestei o concurso de delegado de polícia de Goiás. A pergunta da segunda fase foi: "o que é mandado de criminalização?" E eu respondi com a palestra do primeiro semestre da faculdade. Fui aprovado.

Lição número dois:

a vida sempre está nos ensinando alguma coisa. Em algum momento, ela cobra o aprendizado. Se você foi bom aluno, você prospera. Caso contrário, o fracasso é serventia da casa.

Ainda no primeiro período da faculdade, eu comecei um estágio no Juizado Especial Cível. O juiz, Doutor Salomão Afiune, era (e é) um amigo de família. Permitiu que eu fosse três vezes por semana acompanhar, ao seu lado, as audiências. Eu fui. Ônibus para ir. Ônibus para voltar (o juizado era bem longe). Eu começava a entender o cotidiano de um juiz.

Só que eu entrei na faculdade, pensando em advogar. Era um gosto pela tribuna, pela sustentação, pelo convencimento do meu interlocutor. Prestar concurso não era opção. Então, eu fui estagiar em um escritório de advocacia.

Estamos no terceiro período. Aulas pela manhã na faculdade. Estágio pela tarde no escritório. E à noite? Curso de "reciclagem jurídica" no Axioma (curso jurídico). O curso, em verdade, era um preparatório para concursos da magistratura. E eu decidi fazer porque estava com as noites livres.

A experiência no escritório foi catastrófica. Não que a advocacia tenha me decepcionado, não mesmo. Eu só não me identifiquei com a banca com quem trabalhava. E, às 18:30h, eu saía do escritório e ia para o curso. Lá, vários professores eram juízes. Praticamente todos extremamente inteligentes e capazes de lecionar. Escolhidos a dedo pelo destino. Aí, eu comecei a fazer aquela comparação shakespeariana: ser "o advogado do escritório" ou "o juiz do curso"? Escolhi a segunda opção. Saí do estágio.

Lição número três:

antes de tomar uma decisão de vida, estude os dois lados. Mas, ao escolher um deles, não condene quem fez escolha diversa. Vocês, necessariamente, tiveram experiências diferentes. E experiências diferentes formam seres humanos diferentes. Talvez, se estivesse no lugar dele, você faria a mesma coisa.

CAPÍTULO 3

O INÍCIO DOS ESTUDOS PARA O CONCURSO DA MAGISTRATURA

Quando fui aprovado no vestibular, fui trabalhar em um hotel da minha família em Goiânia. Eu, de cabeça raspada, na recepção atendendo aos hóspedes.

De repente, chega um rapaz, 24 anos, de terno e gravata e me pergunta para qual curso eu havia passado. Respondi: "Direito". Começamos a conversar.

Paulista, formado em Direito pela Pontifícia Universidade Católica de São Paulo (PUC-SP), Marcelo (não me recordo do sobrenome) estava na prova oral do concurso do Ministério Público do Estado de Goiás. Perguntei se ele teria um conselho para mim. E ele tinha: "Leia sinopses. Muitas pessoas vão criticá-lo por isso. Mas, se você souber tudo o que está em uma sinopse, você passará em qualquer prova". Dois anos depois, eu comecei a seguir a sugestão.

A decisão pelo concurso da magistratura veio no final do quarto período. Decidi que, no ano seguinte, iria começar a estudar com mais afinco. Fomos eu e uma amiga, Tatiana, para um cursinho no Setor Bueno, em Goiânia. Matriculamo-nos com uma condição: só poderíamos assistir pela tarde às aulas gravadas. O coordenador autorizou. Éramos eu e Tati, de segunda a sexta-feira, no curso.

Agora, faculdade de manhã, curso de tarde, estudo sozinho em casa de noite. Dos três, não se engane: estudar sozinho rende muito mais. As aulas tornam tudo mais claro. Porém, no mesmo intervalo de tempo, você consegue estudar, pelo menos, o dobro de conteúdo quando está lendo só.

Ao final daquele semestre (quinto período), eu decidi que iria estudar sozinho. Lembrei da dica do, agora, promotor Marcelo: sinopses.

Fui a uma livraria jurídica. À época, não havia a coleção de sinopses para concursos da Juspodivm, que inundou o país a partir de 2011. Fazia sucesso uma coleção da Saraiva.

Perguntei ao atendente se ele tinha a coleção completa. Ele me disse que sim. Quantas sinopses eram? 33. Sem problemas. Abri uma por uma e, com uma calculadora na mão, fui somando as páginas. No total, eram aproximadamente 8 mil. Dividi pelo número de dias úteis daquele semestre: 100. Cheguei a uma conclusão: se eu lesse 80 páginas por dia, em 1 semestre eu estudaria tudo. Fiz isso. Adicionei à compra um livro de exercícios comentados e passei a resolver 20 questões por dia.

Sem saber, eu havia montado o meu primeiro programa de estudos. Mas perceba todos os detalhes do planejamento acima.

Primeiro, eu estabeleci uma meta: ler todas as sinopses em 1 semestre. Segundo, eu decidi estudar nos dias úteis. Não ter, pelo menos, um dia de descanso na semana torna o estudo insustentável a longo prazo. Terceiro: fiz um programa que me permitia, diariamente, verificar seu cumprimento, uma espécie de meta diária. Quarto: aliei a teoria (sinopses) com a prática para concursos (exercícios).

A partir disso, pude extrair algumas máximas.

Primeira: fixe metas claras e, ao fixá-las, considere sua realidade. Se você trabalha e tem filhos, não pode imaginar que vai ter o mesmo tempo disponível de um estudante que mora com os pais. A boa notícia: ambos podem ser aprovados.

Segunda: estabeleça uma meta final, mas também metas diárias. Assim, fica muito mais fácil aferir seu grau de comprometimento. E isso evita que você se engane. Temos a tendência de achar que compensaremos nossas falhas de hoje, no dia de amanhã. Mas esse dia de amanhã nunca chega e nós nunca cumprimos integralmente o plano.

Terceira: alie teoria e prática sempre. O examinador não vai pedir para você recitar artigos na primeira fase. Você terá que resolver questões objetivas. Resolva em casa. Seu desempenho na prova será muito parecido. No meu caso, eu fazia 100 questões por semana, ou seja, uma prova da magistratura.

Às máximas acima, somei o primeiro mandamento da infância: disciplina. No final daquele semestre, eu havia lido as 8 mil páginas e resolvido 2 mil questões objetivas.

CAPÍTULO

4

O CONCURSO DE DELEGADO

Ao final do sexto período de faculdade, quando eu estava terminando a leitura da coleção de sinopses, abriu o concurso de Delegado de Polícia Civil do Estado de Goiás.

Parecia algo distante, bem distante, mas eu resolvi prestar. Seria um teste.

Convidei um amigo. Ele, me olhando com aquela cara do tipo “passe vergonha sozinho”, recusou o convite. Eu me inscrevi.

Fui. Fiz a primeira fase. Conferi o gabarito. Lembro-me que tinha ido bem, setenta e poucos por cento de acerto. Decidi voltar ao cursinho para sondar os “concurseiros” de plantão. Depois de algumas conversas, percebi que tinha grandes chances de ser aprovado. Foi o que aconteceu. Passei na primeira fase.

A segunda fase seria em janeiro e eu tinha uma viagem marcada para a Costa do Sauipe, Bahia. Tinha que decidir se iria ou não. Como havia acabado de concluir o sexto período de faculdade, decidi viajar. Ter passado na primeira fase já era bom demais.

Mas, como todo bom aluno da vida, carreguei as sinopses comigo. Na praia, todos os dias, antes de encontrar com a turma da viagem, eu estudava 2 horas no quarto. Fiz isso religiosamente. Lia as sinopses de penal, processo penal, constitucional e administrativo. Depois, o dia ficava mais leve.

Voltei de viagem. Era a hora de prestar a segunda fase.

Lembro-me que eram três dias de prova. Uma hora antes do início de cada exame, lá estavam eu, minhas sinopses e alguns chocolates.

Na hora anterior a cada prova, eu estudava um tema que achava passível de ser cobrado. Lembro-me que, em Administrativo, eu escolhi licitação. Ponto! Cobraram exatamente isso. Aí, eu “nadei de braçada”. Até os exemplos da sinopse citei. Sorte? Claro, mas extraiamos mais uma lição.

> **Lição número quatro:**
> *sorte existe. Mas quanto mais dedicado você for, maior a chance dela aparecer em sua vida.*

Na prova de Constitucional, respondi com os ensinamentos da palestra do Professor Luís Roberto Barroso (lembra?). Em penal e processo penal, me virei com minha bagagem mesmo.

Bons dias depois, o resultado saiu. Eu havia sido aprovado.

Nesse momento, espalhou-se a notícia da aprovação na faculdade. Aqui, faço uma pausa para lhe contar algo.

Quando comecei a estudar para magistratura, várias pessoas haviam me criticado. Eram olhares que condenavam a precocidade nos estudos. Parecia insano abandonar a boemia de alguns semestres de faculdade em nome de um projeto que levaria, com certeza, anos. Mas, agora, com a aprovação no concurso de Delegado de Polícia, tudo era diferente.

> **Lição número cinco:**
> *quando estiver tomando um caminho diferente, você será criticado. Mas, se estiver convicto do acerto da sua decisão, continue. Seja surdo aos que querem desanimá-lo. No final das contas, é preciso que seu comportamento guarde coerência com aquilo que você reputa o melhor para sua vida.*

Lembro-me de um colega que veio me pedir desculpas. Ele havia me criticado duramente em público. Eu, seguindo uma orientação bíblica, não fazia inimigos (e não faço, no que depender de mim). Não havia sequer respondido às críticas e demorei não mais do que um segundo para perdoá-lo. Aliás, eu sequer havia discutido.

Lição número seis:
não se preocupe em ganhar uma discussão com suas palavras. Ganhe com seus resultados. Os resultados sempre demonstram quem estava certo.

O concurso demorou mais um ano para conclusão (teste físico, curso de formação, entrega de documentos...).

Chegamos ao início de 2010 e a nomeação era iminente. Eu colaria grau apenas no final do ano, em novembro. Pedi final de fila. O pedido foi deferido. Começaram as nomeações. Como, agora, eu era o último da fila, pedi o adiamento da minha nomeação. O Governador do Estado, Alcides Rodrigues, consultou a Procuradoria do Estado e o Secretário Joel Sant'Anna Braga, à época Secretário de Ciência e Tecnologia, um dos responsáveis pelo Edital do concurso. Ambos foram favoráveis. O pedido foi procedente.

No dia 18 de novembro de 2010, eu colei grau em Direito. No dia 19, fui nomeado Delegado de Polícia. No dia 22, eu tomei posse. A partir daquele momento, eu estava delegado. E estar é muito diferente de ser.

CAPÍTULO

5

OS ESTUDOS PARA MAGISTRATURA ENQUANTO DELEGADO DE POLÍCIA

Desde o primeiro momento em que eu assumi o cargo de Delegado de Polícia, eu sabia que aquilo era passageiro. Meu objetivo era me tornar juiz e eu não perderia o foco.

Quando você tem um foco claro, suas decisões a curto e médio prazo são mais fáceis de tomar. Você fica menos vulnerável a vaidades do cotidiano.

Eu poderia ter procurado assumir alguma coordenação dentro da Polícia Civil de Goiás, a chefia de alguma Delegacia importante ou a assessoria de um agente político. Isso significaria ascensão na carreira. Mas não. Eu preferi ser delegado plantonista.

Como delegado plantonista, subir degraus na Polícia Civil era praticamente impossível. Mesmo diante de casos importantes, eu nunca conduziria as investigações. Situações emblemáticas logo eram repassadas (corretamente) aos delegados titulares das delegacias respectivas.

Mas eu trabalhava 24 horas e tinha uma folga de 72. Na folga, eu subia outros degraus: os degraus da Justiça. Por quê? Porque eu nunca perdi o foco.

> **Lição número sete:**
> *gaste um bom tempo elegendo um objetivo. Mas, depois de eleito, mantenha o foco. Sempre. Se você perde o foco, você se perde. O tempo passa e, sem meta, não há progresso.*

Eu estudava cinco vezes por semana. Continuei mantendo os mesmos cinco dias da época de faculdade. Mudar um método bem-sucedido não era uma decisão inteligente. Agora, eu apenas havia decidido aumentar a intensidade. Eram nove baterias de cinquenta minutos por dia. A cada cinquenta minutos, descansava dez ou quinze. Elegia três matérias para estudar por dia. Mantinha aquelas disciplinas até esgotar os livros. Depois, mudava de matéria. Em quatro meses, eu esgotava o edital. Em resumo, estudava tudo três vezes por ano. Isso aumentou (e muito) a minha "sorte" nas provas.

A ideia era fruto de um planejamento relativamente simples, mas a execução continuava exigindo enorme disciplina. Lendo, em média, 600 páginas por semana, eu conseguia ler 10 mil páginas em 4 meses. Portanto, a soma de todos os livros que comprava não poderia ultrapassar esse limite.

Aqui, vale uma pausa para detalhar meu cotidiano nos estudos.

Eu começava bem cedo. Provavelmente, às 07:15h, você me encontraria sentado, em casa, lendo o primeiro livro, na primeira bateria de 50 minutos. Começava pela matéria que reputava mais difícil. A capacidade de compreensão e retenção do compreendido pela mente descansada é, evidentemente, maior. Além disso, estudar a lei das sociedades anônimas, depois de 8 baterias de 50 minutos, parecia violar a dignidade da pessoa do estudante, ou seja, era um estudo "inconstitucional". Isso, no meu caso.

Fim da primeira bateria, eu ia a uma cafeteria da minha cidade (Anápolis/GO). O café, "Cavalo de Raça", passou a fazer parte do meu cotidiano. Claro que, no final do mês, aquilo não ficava barato. Mas eu precisava mudar de ambiente. Ficar trancado em um mesmo lugar o dia inteiro me entediava (continua me entediando). E eu fazia isso, uma ou duas vezes por dia. No café, lia matérias de que gostava. Isso, para conseguir me concentrar. Aquele ambiente cheio de vida revigorava minhas forças. A solidão ininterrupta de um escritório pode tornar o estudo mais sacrificante do que o necessário. Eu resolvia o meu problema assim.

Ao final de cada dia, quando concluía meus estudos, descansava. Encontrava amigos, saía para jantar com a família, fazia parte de uma confraria de vinhos. Enfim, divertia-me ou relaxava-me de algum modo. Sem saber, colocava em prática os ensinamentos de Charles Duhigg, em "O Poder do Hábito".

Para cada rotina, é necessário estabelecer uma recompensa. Um hábito é gerado a partir de uma deixa, uma rotina e uma recompensa. A deixa:

"preciso estudar". A rotina: nove baterias de cinquenta minutos. A recompensa: família, amigos, descanso. E foi assim que eu criei o hábito de estudar.

Lição número oito:

crie recompensas diárias, semanais e mensais para o cumprimento integral do seu programa. A sensação de vitória vai ajudá-lo a manter o ânimo durante a caminhada. Mas não se iluda: em alguns momentos, você precisará de algo mais para retomar o vigor.

CAPÍTULO

6

O QUE FAZER QUANDO VIER O DESÂNIMO?

Em alguns momentos, enquanto estamos na caminhada, desanimamos. Alguns desânimos apresentam causa imediata perceptível: uma reprovação. Outros dependem de um pouco mais de reflexão. Mas, em geral, estão ligados ao fato de não vermos mudança em nossa vida.

Poucas coisas desanimam mais um estudante do que, tendo estudado muito, não ver seu nome na lista de aprovados. Você se dedica e, de repente, parece que todo aquele esforço não foi frutífero. Mas foi. É que, no seu caso, o fruto vai demorar um pouco mais para aparecer.

Depois de um tempo estudando, eu já não enfrentava dificuldades nas primeiras fases. Fui aprovado nas primeiras fases da magistratura do Estado de Goiás, da magistratura do Distrito Federal e dos Territórios, da magistratura federal (TRF1), do ministério público do Distrito Federal e Territórios, do ministério público do Estado de Goiás.

Os problemas começavam nas segundas fases.

Na primeira fase, você faz exercícios, lê livros, informativos e passa. Mas, na segunda fase, tem que aprender a fazer peças práticas.

Em relação às provas do Ministério Público, eu precisava aprender a fazer denúncias, recomendações, recursos... Como a função ministerial não me atraía, eu ia para a prova sem saber. Os resultados eram reprovações.

Nas provas da magistratura, eu precisei aprender a fazer sentenças cíveis e criminais. E foi isso que eu fiz. Procurei juízes, fiz cursos em grupo e individuais. Aprendi. Mesmo assim, fui reprovado em algumas provas.

Mas, a cada reprovação, eu sentia um baque. Começava a questionar minha capacidade. Afinal de contas, eu era realmente capaz? Desanimava-me. Mas, nessas horas, entravam em ação os seguintes remédios:

Primeiro: fé. A crença de que o desejo que havia nascido em mim tinha uma origem divina, já que a bíblia diz que "o querer e o efetuar vem do Senhor", faziam com que eu rebatesse qualquer argumento contrário.

O resultado provisório era negativo. O resultado definitivo não poderia ser. No final, o desejo genuíno venceria. É Davi e Golias.

Segundo: alimentar o sonho. Eu gastava tempo me imaginando juiz. Passava em frente ao fórum. Assistia ao canal da TV Justiça. Pensava em como seria meu cotidiano no exercício do cargo, na alegria que sentiria ao me ver aprovado ou tomando posse. Um sonho forte vence a tristeza das circunstâncias.

Terceiro: buscar inspiração. Histórias de pessoas que tinham tudo para "dar errado" e "deram certo" na vida mudavam (e mudam) o meu ânimo. A sensação de dar a volta por cima, que vivi pela primeira vez na infância, produzia em mim o gosto pela persistência, um desejo de ir para guerra. Ao mesmo tempo, assistia a palestras pela internet de pessoas que admirava (e admiro) no Direito. Pensava: quero ser um deles.

Depois disso tudo, falava para mim mesmo: "vamos, meu filho, que a guerra é sua e seu futuro manda você continuar".

Éramos eu, Deus e o meu sonho. Os dois dependiam apenas da minha persistência. Eu decidi persistir.

CAPÍTULO

7

A SEGUNDA FASE DA MAGISTRATURA (A PROVA DISCURSIVA E AS SENTENÇAS)

Alguns amigos meus decidiram ser engenheiros. Outros preferiram ser médicos e, ainda, outros, advogados. Eu decidi decidir. É o juiz quem diz com quem o filho fica, para quem a herança vai e se a empresa merece recuperação judicial ou deve falir. Portanto, eu precisava aprender a responder às questões discursivas e a elaborar sentenças.

Em relação às provas discursivas, você deve compreender o seguinte: o examinador quer, em primeiro lugar, a resposta ao questionado, que é o principal, depois vem o que mais você sabe sobre o tema, que é o acessório. Não faça o inverso.

Introduções muito longas transmitem a ideia de que você não tem domínio sobre o tema e começou "enrolando" para tentar auferir alguns pontos.

Claro que a observação acima vale para quando você souber a resposta. Quando não souber, o melhor caminho é discorrer sobre o assunto e elaborar um raciocínio jurídico plausível.

Abaixo, seguem as instruções às questões discursivas que damos nos cursos do CP IURIS e que reputamos fundamentais:

> "A prova discursiva é um desafio a ser vencido por você".

O adequado uso do vernáculo e uma boa capacidade argumentativa são essenciais, mas não suficientes para a aprovação nesta etapa. É preciso ir além.

Entenda o seguinte: você pode até saber sobre o tema cobrado, mas o examinador não sabe que você sabe. Então, o trabalho maior é conseguir transmitir o máximo de conhecimento possível, de forma organizada e observando o limite temporal.

Não se pode adivinhar o que será cobrado em cada disciplina. Focar seu estudo na procura por temas específicos pode ser extremamente prejudicial.

Procure estudar todas as disciplinas previstas no edital.

Se possível, continue utilizando os materiais de estudo que você tem o hábito de utilizar. Assim, sua leitura será muito mais ágil e você conseguirá enfrentar um maior número de matérias.

Escreva o máximo que você puder! Mas procure responder primeiramente ao questionado para, depois, discorrer sobre o tema. Talvez o examinador nem concorde com sua posição. Mas, depois de ver seu fundamento, considere que você acertou a resposta, apesar da divergência de entendimentos.

Nunca defenda um tema com extrema veemência, salvo se o examinador lhe instigar claramente neste sentido. Procure ressalvar a presença de correntes diferentes, de jurisprudências em diversas posições, de maneira que fique evidenciado um caráter neutro e equilibrado do candidato.

Mãos à obra!

1. BRAINSTORMING

O "Brainstorming" consiste na tempestade de ideias que vem à mente do candidato ao ler um enunciado de uma questão e/ou ao refletir sobre um tema.

Não há tempo para responder à questão no rascunho e depois transcrever a resposta na folha principal. Procure escrever no rascunho apenas os pontos que você lembra sobre o tema, sobre aquele assunto, a respeito daquela questão.

Vamos a um exemplo:

Enunciado: Discorra sobre a responsabilidade civil do Estado por conduta omissiva.

Quais ideias vêm a sua mente quando falamos em responsabilidade civil do Estado? Antes de ler os pontos abaixo, procure você mesmo escrever as ideias que lhe ocorreram neste momento.

Vejamos:

1. responsabilidade objetiva
2. responsabilidade subjetiva
3. artigo 37 da CF

4. teoria do risco administrativo
5. teoria do risco integral
6. causas excludentes da responsabilidade
7. conduta, resultado, e nexo causal
8. nexo causal em condutas omissivas

Percebeu a tempestade de ideias? Agora é só organizar e responder ao enunciado.

2. OS 5 PONTOS

Sempre que for responder a uma pergunta na prova subjetiva, lembre-se destes 5 pontos. Se eles estiverem na sua resposta e se sua resposta estiver correta, com certeza, ela também estará completa.

Quais são os pontos que, sempre que possível, devem estar presentes na sua resposta?

1. **Constituição (cite algum artigo da CF)**
2. **Lei**
3. **Doutrina**
4. **Jurisprudência**
5. **Exemplo**

Mais um exemplo:

Enunciado: Discorra sobre a condição peculiar do menor como pessoa em desenvolvimento.

Primeiro passo: "Brainstorming"

Segundo passo: os 5 pontos

Veja como ficaria o esqueleto do texto:

'Existe na atualidade uma especial preocupação com a situação da criança e do adolescente. Dispõe a CONSTITUIÇÃO FEDERAL em seu artigo ... Da leitura da Carta Magna, extrai-se um desejo do constituinte de ver o menor integralmente protegido pelo Estado, pela sociedade e pela família. A norma do artigo ... do ECA enuncia que.... Assim, o legislador infraconstitucional, no mesmo sentido, demonstra como... A DOUTRINA tem se posicionado neste sentido.... Mas é possível encontrar quem defenda que... Já a JURISPRUDÊNCIA se pacificou na seguinte direção... Um EXEMPLO é o....'

Seguindo esses dois passos e as recomendações acima explicitadas, suas respostas melhorarão significativamente.

Em relação às sentenças, é preciso praticar. Assim como você não aprende a dirigir lendo o livro do DETRAN, você não aprende a sentenciar lendo uma doutrina sobre o assunto. E foi assim que eu fiz.

Comecei a elaborar sentenças e as levava para diversos juízes avaliarem. Fiz cursos individuais e em grupo. Encontrei maior facilidade na sentença penal, é verdade. Talvez por exercer o cargo de delegado de polícia à época. Mas, na primeira vez que fiz uma sentença criminal, meu texto ficou lamentável. E eu tinha apenas dois meses para a prova do TJDFT. Em dois meses, consegui tirar a nota 9,88 na prova de sentença penal. Como? Eu havia praticado muito.

Lição número nove:

provavelmente, na primeira vez em que você fizer algo, o resultado não será bom. O importante é que essa primeira vez não seja no dia do seu exame. Treine muito antes. Você pode até ser reprovado, mas entre na sala para vencer. Sempre.

Durante os estudos para a prova de sentença, eu desenvolvi o que, mais tarde, chamei de os "23 pontos da sentença penal condenatória".

Como sempre (ou quase sempre) a prova de sentença penal exige uma condenação para avaliar a aptidão do candidato no momento da dosimetria da pena, eu elaborei os "23 pontos".

Escrevi os pontos em uma folha. Colei na parede do quarto. Levei comigo até a porta da sala. Joguei fora 20 minutos antes da prova começar. Quando me entregaram a prova de sentença penal, antes de ler o enunciado, eu abri o rascunho e escrevi os "23 pontos" que havia decorado. Pareciam óbvios, mas depois de quatro horas de prova, eles não me deixavam ficar perdido nem me esquecer de comandos obrigatórios da sentença.

Seguem:

23 pontos da sentença penal:

1. Trata-se de ação penal pública incondicionada...
2. De início, é preciso analisar as preliminares... REJEITO ou REFUTO.
3. Presentes as condições da ação e os pressupostos processuais...
4. Materialidade
5. Autoria
6. Teses defensivas / Eventual Emendatio Libelli
7. Circunstâncias atenuantes e agravantes / Causas de diminuição e de aumento
8. Os acusados eram, na data dos fatos, imputáveis, tinham plena consciência da ilicitude de suas condutas...
9. A prova é certa, segura e não deixa dúvidas...
10. Ante o exposto, julgo parcialmente procedente a pretensão punitiva deduzida na denúncia para...
11. Passo à dosimetria da pena (artigo 68, caput, CPB)

Súmulas do STJ:

444 – Inquérito Policial e Processos em aberto...

241 - Reincidência 2 vezes

231 - Atenuante não pode conduzir a pena abaixo do mínimo

12. Detração
13. Regime inicial
14. Valor do dia- multa
15. 44 CP
16. 77 CP
17. Indenização mínima
18. Prisão preventiva
19. Custas
20. Armas (artigo 25 do Estatuto do Desarmamento) e drogas (artigo 72 da Lei de Drogas)
21. Comunique-se à vítima.
22. Após o trânsito em julgado: Guia de execução penal, TRE e Instituto de Identificação Civil
23. P.R.I. Juiz de Direito Substituto

Mal sabia eu que os "23 pontos" abririam as portas para eu que me tornasse um professor de sentença penal. A vida, como ensinou Steve Jobs, é um eterno "ligar os pontos". Você só entende amanhã o que acontece hoje.

No tocante às sentenças cíveis, enfrentei os casos que reputei mais prováveis de serem cobrados, como responsabilidade civil. Aprendi a rejeitar preliminares e prejudiciais de mérito. Redigi dispositivos das mais diversas formas. Mas, aqui, paro para lhe contar sobre as provas de sentença do meu concurso no TJDFT.

CAPÍTULO

8

O RESULTADO DAS SENTENÇAS DO TJDFT E O SONHO DO LARGO DE SÃO FRANCISCO

Eu havia me preparado. Treinei, treinei, treinei. Entrei para vencer e, no resultado provisório, perdi.

De um lado, a sentença penal com a maior nota do concurso: 9,88. De outro, a sentença cível: 5,1 (eu precisava de 6,0).

Tomei um baque. Era o concurso que eu queria. Tanto esforço, tanta dedicação e um corte na sentença cível.

Eu sei, ser reprovado é comum. Aliás, é o mais comum. 5 mil pessoas prestam uma prova e 20 são aprovadas. Isso equivale a 0,4 por cento. Em resumo, de cada 1000 pessoas que saem de casa com o desejo de vestir a toga, apenas 4 voltam vestidas. Só que eu nunca liguei para estatísticas. Alguém tem que passar. Sempre. E, quando você entra para vencer, a derrota é muito triste.

Agora, restava o recurso. Em dois dias, eu teria acesso ao espelho da prova, à sentença que eu tinha feito e à correção feita pelos examinadores.

Nessa altura do campeonato, eu juntava os restos de força em mim e selecionava, aos poucos, minhas velhas amigas, as sinopses, para retomar a batalha de sempre. À época, eu adotava várias doutrinas também, mas todas voltadas para concurso.

00:45h. Já era tarde. Deitei, li a Bíblia e dormi (ritual que sigo até hoje). Só que, naquela noite, eu tive um sonho.

Eu sei. Sonhos, em regra, não convencem. Mas, se você tiver um pouco de fé, vai se lembrar de sonhos que marcaram a história judaico-cristã: o sonho de José, antes de ser levado ao Egito (lua, sol e estrelas), o sonho do faraó do Egito (7 vacas magras e 7 gordas) e o sonho de outro José, o pai de Jesus (anjo lhe dizendo para receber Maria como esposa).

"Mutatis mutandis", eu também sonhei.

No sonho, eu estava diante de uma grande porta e ouvia uma bela voz. A voz me dizia: "abre". Na terceira vez, eu abri.

De repente, eu estava na faculdade de Direito da USP, o famoso Largo de São Francisco. A voz me dizia: "repare nas arcadas. Suba estes degraus. Entre nas salas". Eu estava maravilhado. Nem me lembrava da história da reprovação no vestibular. Tanto tempo já havia se passado. Mas, de repente, toda aquela emoção represada veio à tona. Então, a voz me disse: "ouça bem! A única coisa que você desejou realmente e não fez foi a graduação aqui. Daqui para frente, todos os desejos genuínos do seu coração se cumprirão". Eu acordei.

Freud pode explicar a sonho. Tudo bem. Fique à vontade. Eu optei por outra explicação. Saquei minha fé do peito, recorri à Bíblia e classifiquei o sonho como divino. Pronto. A bateria estava carregada. Eu estava pronto para uma nova guerra, um novo concurso, um novo desafio.

O dia passou. Dormi de novo. Dessa vez, nada de sonhos marcantes. Acordei, tomei café da manhã e me arrumei para ir a Brasília (estava em Anápolis).

Naquele dia, eu teria acesso à prova. Meu objetivo era chegar cedo, fazer o recurso e voltar para minha cidade no mesmo dia.

Abri o espelho de correção e fui conferindo a prova. Item por item. A justeza da correção era desanimadora. Nada que fundamentasse o provimento de um recurso satisfatoriamente. Talvez um acréscimo de 2 ou 3 décimos, mas eu precisava de 9. Nove décimos.

Até que, na penúltima página do espelho, estava escrito: "dano moral: 1,0. Pontuação do candidato: 0,0, não enfrentou o tema". Calma aí. Como assim "não enfrentou o tema"? Eu tinha discorrido sobre dano moral em uma página inteira da sentença! Não era possível! Um misto de sentimentos. E aí, claro que, além dos vários outros pontos do recurso, concentrei-me nesse. Sentia alegria, raiva e alguma tristeza. Alegria pela chance, raiva por estar passando por aquilo e tristeza pelo fato da chance ser pequena. As chances de provimento de um recurso são, em geral, ínfimas. Mas reprovado eu já estava. Escrevi. Terminei a peça.

Fui mostrar meu recurso a duas professoras, Marilia Sampaio e Carla Patrícia Nogueira, ambas juízas do TJDFT. Quando elas leram, pediram que eu refizesse alguns bons pontos. Isso significaria dormir em Brasília. Tudo bem. Era o que eu tinha que fazer.

Liguei para um amigo que morava em Águas Claras/DF, Rodrigo Helou, e pedi hospedagem. Cheguei na casa dele e fui refazer meu recurso. Dormi tarde. Acordei cedo. Esperei dar 12 horas. Entreguei meu recurso na comissão do concurso e voltei para Anápolis.

Não me lembro exatamente do que escrevi na peça. Lembro-me apenas do último parágrafo, dirigido ao examinador:

> "Por fim, William Shakespeare, em 'O Mercador de Veneza', ensina que o perdão é dupla benção: abençoa o perdoado, que se sente livre, e abençoa o perdoador, que se sente melhor. Ouso ir além do poeta e dramaturgo inglês para dizer que o provimento deste recurso é tripla benção: abençoa o examinado, que prossegue no certame, abençoa o examinador, que sente o prazer de permitir a continuidade de um sonho, e abençoa a sociedade, que tem a chance de ter mais um juiz".

Agora, restava esperar. E eu esperei, esperei estudando.

Às sextas-feiras, eu costumava ir a Goiânia. Os ares da Capital sempre me fizeram bem. Continuam fazendo. Geralmente, combinava um programa para às 21 horas. Saía no final da tarde de Anápolis, sentava-me em algum café e estudava até o horário do encontro. Nesse dia não foi diferente, salvo por um detalhe: o resultado dos recursos seria divulgado naquela sexta-feira.

15 horas e nada do resultado sair. 16 horas, 17 horas, 18 horas e nada.

Aqui, abro uns parênteses para uma suposição. Suponho que bancas examinadoras tenham um prazer masoquista inconsciente em ver o sofrimento do candidato. É um tal de "o resultado será divulgado no dia 9 de julho" e divulgarem o resultado no dia 9 de julho às 23:58h. Ninguém aguenta! Mas tudo bem...

Desabafos a parte, voltemos.

Às 18:54h (estou chutando os minutos), saiu o resultado. O recurso havia sido provido. Eu estava de volta. De volta ao ringue! De reprovado, agora eu figurava como 2° lugar geral do concurso. Estranho? Nada. Mudanças, desde sempre, fazem parte da vida.

Lição número dez:
enquanto houver recurso, há esperança. Em concursos, recorra sempre. Mas continue estudando como se você não tivesse recorrido.

CAPÍTULO

9

A INSCRIÇÃO DEFINITIVA

Aprovado nas sentenças, o caminho do concurso era simples: inscrição definitiva, prova oral, prova de títulos e posse. Certo? Não. No meu caso, havia um ponto mais.

A velocidade com que o certame se deu gerou mais um problema para mim: a comprovação dos três anos de atividade jurídica.

Eu era delegado de polícia há dois anos, oito meses e alguns dias...

O edital do concurso, obedecendo a resolução do Conselho Nacional de Justiça (CNJ), previa que o candidato deveria comprovar os três anos de prática jurídica na data da inscrição definitiva.

E agora?

Agora, era torcer para o concurso demorar mais três meses e meio. Torcidas à parte, o certame não demorou.

A exigência da comprovação da atividade jurídica na data da inscrição definitiva parecia-me (e parece-me) inconstitucional. A uma, porque a resolução do Conselho Nacional do Ministério Público exige que a comprovação se dê na posse. Considerando a simetria constitucional entre as funções e o estabelecimento do mesmo requisito pela Constituição Federal para investidura nas carreiras (3 anos de atividade), não pode uma resolução contradizer a outra. A duas, porque o exercício da função não começa na data da inscrição definitiva, mas na data da posse (quando o sujeito efetivamente se torna juiz). A três, porque não há razoabilidade em se exigir, em um mesmo ordenamento jurídico, que o Presidente da República comprove o cumprimento dos requisitos constitucionais na data da posse e que um juiz substituto comprove antes da posse. A quatro, porque a resolução do CNJ permite uma ofensa gritante à isonomia e ao escopo da norma constitucional: um candidato que não trabalha, mas atua em 5 peças por ano, durante três anos (15 peças ao todo), tem experiência suficiente para ser juiz. Um delegado de polícia que exerce sua função há 32 meses e já confeccionou inúmeras peças privativas de bacharel em direito, não. O desejo do constituinte não seria ter juízes com alguma experiência de fato antes do cargo? Pois é....

Diante de todos esses argumentos e do indeferimento da minha inscrição com base na resolução do CNJ, impetramos um mandado de segurança. Em sede liminar, eu e meu advogado, Dr. Eduardo Lowenhaupt, pedimos que me fosse permitido continuar no certame e realizar a prova oral, sob pena de perda do objeto do pleito.

Há dez dias da prova oral, a Desembargadora-Relatora, Carmelita Brasil, indeferiu o pedido liminar.

Um balde de água gelada. A essa altura, eu já tinha feito cursos para a prova oral, estava estudando com afinco para o exame e, considerando que a matéria se encontrava (e se encontra) em repercussão geral no Supremo Tribunal Federal, acreditava sinceramente na concessão da medida. E agora?

Agora, restava-nos um agravo regimental para que o Conselho Especial do Tribunal de Justiça do Distrito Federal e dos Territórios apreciasse o pedido liminar. Foi o que fizemos.

As sessões do Conselho Especial ocorriam às terças-feiras. A prova oral se iniciaria na quinta-feira, ou seja, se algo mudasse, eu teria dois dias para o exame.

Chegamos à sessão. Conversamos com a secretária. Perguntamos sobre a pauta e, pasmem, o mandado de segurança não estava pautado. Mais um teste para o coração.

Se o agravo não fosse julgado naquele dia, a prova oral ocorreria no final da semana e perderíamos o objeto do pleito. Isso significava o fim.

A secretária foi consultar o gabinete da Desembargadora Carmelita. Enfim, a resposta: a Relatora, em juízo de retratação exercido no agravo, reconsiderou sua decisão e deferiu a liminar. Não haveria agravo. Haveria a prova.

Mais uma vez, de volta ao ringue! Só que, agora, a batalha começaria em dois dias. No meu caso, fui convocado para fazer a prova oral no domingo. Eu teria quatro dias (quarta-feira a sábado) para me concentrar. Foi o que eu fiz.

Você se lembra da lição número dez? Enquanto houver recurso, há esperança. Lição número dez de novo.

CAPÍTULO

10

OS ESTUDOS PARA CADA UMA DAS ETAPAS DO CONCURSO, ESPECIALMENTE PARA A PROVA ORAL

As fases de um concurso para carreira jurídica exigem diferentes preparações. Habilidades em determinada etapa são, por vezes, irrelevantes para as demais.

Mas, fundamentalmente, **quatro recomendações** aplicam-se a todas as etapas:

1. **Estude todas as disciplinas (você não sabe quais temas serão cobrados);**
2. **Tenha domínio sobre o tempo destinado aos estudos de cada matéria;**
3. **Tenha controle do seu tempo de prova;**
4. **Simule o dia da prova.**

A partir das máximas acima, você deve observar em qual fase do concurso está.

Na primeira fase, combine estudos de doutrinas simples, sinopses, informativos (uma vez por semana) e um pouco de lei "seca" diariamente.

Faça, pelo menos, vinte exercícios de questões objetivas por dia. Passe por todas as matérias nos exercícios, principalmente pelas que você menos gosta e, provavelmente, menos domina.

Não eleja livros que exigirão de você mais do que seis meses para esgotar o edital (recomendações números 1 e 2). Faça as contas antes de comprá-los. Caso não seja possível o esgotamento no prazo semestral em razão da sua carga horária, organize-se para aumentar seu tempo destinado aos estudos. Finais de semana podem contribuir para o cumprimento do seu programa. A aprovação, inegavelmente, exigirá algum sacrifício. É importante que você feche o ciclo em até 6 meses. Assim, você conseguirá estudar tudo duas vezes por ano.

Faça revisões. Isso trará para a "memória de curto prazo" informações que estão na "memória de longo prazo".

Uma vez por mês, simule um dia de prova. Acorde, tome café da manhã, coloque um copo de água na sua mesa e alguns chocolates. Sente-se. Resolva uma prova inteira (100 questões) em até 4 horas 30 minutos. Isso vai ajudá-lo a cumprir a terceira e a quarta recomendações.

Na segunda fase, mantenha a bibliografia adotada. Nesse momento, você precisará ser rápido. Provavelmente, entre a primeira e a segunda fase, você terá dois meses. Não mais do que isso.

Entenda o estilo da prova discursiva feito por aquela banca. Mas não saia pretendendo ser vidente e supondo adivinhar o que será cobrado. Não acredite em cursos que pregam isso. Isso é marketing barato, feito para tirar proveito de quem está sob pressão e quer ter alguma segurança.

Provavelmente, um dia antes de o examinador elaborar sua prova, nem ele saiba o que cobrará exatamente, quiçá outra pessoa. Ele vai se sentar em casa, pegar alguns livros, ler alguns julgados e encontrar um tema que entenda interessante. Pronto: sua prova estará criada.

Teses de mestrado ou de doutorado dos examinadores podem ser cobradas. Mas as chances são pequenas. Por quê? Porque cobrá-las é o óbvio. Se fosse assim, bastaria ler as teses dos examinadores e todo mundo tiraria nota máxima na prova discursiva. Não se engane.

Você pode estudar muitos temas e ser cobrado o conhecimento de um assunto diverso. Uma questão que você viu na faculdade, em um seminário (experiência pessoal), em uma conversa com um amigo ou, na pior das hipóteses, uma questão que você nunca viu.

Na segunda fase, você precisa apenas aumentar sua chance de acertar a questão cobrada. Como? Estudando o máximo de disciplinas possível.

Faça exercícios. Responda a questões discursivas e, por amor ao seu concurso, observe o limite de linhas de cada resposta. O número de candidatos reprovado por não observar limitações de linhas na resposta é inacreditável. Quanto à forma de elaboração das respostas e as instruções básicas para estudo de sentenças, siga as orientações já dadas nesta obra.

Chegamos à **prova oral.**

O estudo para a prova oral é completamente diferente do estudo para as demais provas.

Somos acostumados, durante a caminhada nos estudos, a "internalizar" conteúdo, e não a "externá-lo".

Na primeira fase, para mostrar o que se sabe basta marcar uma "bolinha" no cartão de resposta.

Na segunda fase, exige-se um pouco mais: a escrita. Você precisa discorrer sobre o tema no papel. Mas, acredite, escrever é muito mais fácil do que falar.

A prova oral exige, como nunca, equilíbrio emocional. Você é apenas Davi. Há um auditório lotado que espera vê-lo na batalha. Sentados em cadeiras confortáveis, atrás de mesas imponentes, estão cerca de 10 Golias. É você e sua história.

Aqui, abro espaço para um texto que escrevi sobre "Davi e Golias":

Davi e Golias

Um dia Davi enfrentou Golias. E venceu.

Antes disso, bem antes disso, como era pastor, Davi, várias vezes, precisou enfrentar Leões e Ursos que atacavam suas ovelhas e, para isso, usava pedras. Isso se chama treinamento.

Pouca gente sabia disso, mas Davi conhecia a sua história.

E não foi a primeira vez que ele usou uma pedra para derrotar um inimigo, mas, mesmo assim, Davi levou cinco pedras, e não só uma. Poderia não acertar o primeiro arremesso. Isso se chama prudência.

Entenda: no dia da prova, no dia em que você enfrenta o seu "gigante", você leva consigo a sua história, os seus estudos, os seus treinamentos. Quem olha para você assim, "franzino", pode achar que você não é capaz. Mas acredite na sua preparação. E confie em Deus.

Mas também entenda: talvez a primeira pedra que você atirar não seja suficiente para derrubar esse gigante e conquistar a vitória. Talvez o primeiro concurso não seja aquele em que você será aprovado. Preste outras provas. Atire outras pedras. Uma delas vai acertar o alvo.

Bom dia! Continue caminhando. Cada dia mais próximos.

Na prova oral é preciso que o candidato demonstre capacidade de argumentação, boa postura corporal, adequado uso do vernáculo e, claro, domínio do conteúdo jurídico.

Preocupamo-nos demais com o conhecimento jurídico. Agora, é preciso desenvolver as outras habilidades.

Seguem recomendações para as provas orais:

1. Faça treinamentos com fonoaudiólogos;

A sua capacidade de convencimento está intimamente ligada à maneira como você fala, à velocidade da sua fala e à sua postura.

Procure um profissional especializado.

Não pense em economizar dinheiro neste momento. Você está a um passo do seu objetivo. Ao chegar a uma prova oral, não retroceda. A reprovação nessa etapa é dolorosa demais.

Não superestime sua capacidade. Pessoas têm dons, concordo. Você pode ser uma pessoa bem articulada e que apresenta facilidade no discurso em público. Ainda assim, não dispense o acompanhamento de um profissional.

Ricardo Geromel, em seu livro "Bilionários", relata que, ao estudar e entrevistar dezenas de bilionários, percebeu entre eles uma característica em comum: todos investem em suas habilidades, todos concentram-se em seus pontos fortes.

Nós, geralmente, fazemos o caminho inverso. Percebemos em que áreas da vida temos maior facilidade e em que pontos temos maior dificuldade. Focamo-nos em suprir nossas deficiências. Queremos resolver a falta. Esquecemo-nos de investir em nossos pontos fortes. Isso explica o comportamento extraordinário de certas pessoas: elas já eram boas naquilo, investiram tempo e dinheiro aprimorando um dom, e ficaram excepcionais.

As vestes da humildade mostram-se adequadas em todas as etapas da vida e, claro, em todas as fases do concurso. Buscar aprimorar-se em um dom é sinal de humildade. E, na prova oral, humildade é indispensável. Uma postura arrogante pode lhe custar a aprovação. Por quê? Porque o arrogante é testado em um nível acima, já que se mostrou indiferente às perguntas iniciais do examinador. E, no andar de cima, você pode sucumbir.

2. Faça cursos jurídicos voltados para prova oral

Por mais que um fonoaudiólogo seja bom, ele não supre a necessidade de um curso jurídico para a prova oral.

Juízes, promotores e defensores já estiveram lá. E isso é muito diferente.

O fonoaudiólogo está para a prova oral, assim como o padre está para o casamento. Eles já presenciaram várias "cerimônias", já orientaram e aconselharam várias pessoas, mas nunca viveram a experiência de fato.

Quando for se casar, não dispense o aconselhamento de um casal paradigmático. Quando for para a prova oral, procure um curso com professores de excelência. Como? Procure saber a classificação dos professores nas suas respectivas provas orais. Isso já filtra boa parte dos cursos existentes no mercado.

Digo isso porque eu fiz assim e deu certo.

3. Treine com seus colegas que estão na mesma situação que você.

Você precisa se habituar à nova forma de ser questionado (perguntas orais) e à nova forma de responder (respostas orais).

Compre um livro de questões de prova oral ou consiga uma relação de perguntas que foram feitas em provas orais recentes. Selecione alguns colegas e elejam três dias da semana para treinarem. Um arguirá o outro e, em seguida, passará um feedback.

Filme sua arguição. Por vezes, temos manias horrorosas, as quais desconhecemos. O vídeo permitirá com que você detecte com maior facilidade suas falhas e as corrija rapidamente.

Ainda sobre a prova oral:

Olhe nos olhos do examinador. Sempre, sempre, sempre. Quando estiver com dúvida, não olhe para o teto, para o chão ou para os seus dedos. Não feche os olhos para pensar. Não procure na parede a resposta (ela não está lá). Concentre-se no olhar do examinador. Se tiver dificuldade para fazer isso, olhe para a testa do arguidor (ele não notará a diferença). Concentre-se.

Uma pessoa, quando é olhada nos olhos, sente-se especial. Isso significa que o locutor (você, no caso) destina toda a atenção para aquela pessoa. E isso gera empatia. Por quê? Porque, se João me considera alguém especial, eu, como que por retribuição, passo a ter especial estima por João. Empatia é a capacidade de se colocar no lugar do outro. Se o examinador se colocar no seu lugar, ele terá maior consideração por suas palavras, maior compreensão do seu nervosismo e maior valoração do seu desempenho, mesmo que ele faça tudo isso inconscientemente.

Em seus treinamentos, repare no seu olhar.

Fale pausadamente. Cuidado: isso não significa "soletrar" palavras.

Quando aceleramos nossa fala, tendemos a utilizar nossa linguagem do cotidiano. Sem perceber, passamos a chamar o examinador de você, substituímos nós por "a gente" e corremos o risco (perigosíssimo) de usar gírias.

Além disso, ao respondermos pausadamente, temos o tempo necessário para construção de uma assertiva correta, que evitará retificações ao longo do discurso.

Perceba que o emprego de uma velocidade adequada na fala melhora o conteúdo da sua resposta (você se lembra do tema, de exemplos, de julgados), melhora a organização da sua resposta (coerência no discurso) e melhora o uso do seu vernáculo, que passa a ser adequado à formalidade vivenciada.

Ainda, a resposta pausada tem mais uma vantagem: a segurança, tão defendida pelo professor Daniel Carvalho.

Tendemos a responder ao questionado rapidamente quando sabemos a resposta. Por outro lado, quando não sabemos, ficamos durante um bom tempo pensando no que responder. A partir daí, o examinador consegue vislumbrar quando você tem convicção da resposta e quando aquilo não passa de um bom "chute".

Mas, se você responde sempre se valendo de uma fala pausada, de um olhar atento aos olhos do examinador, com uma postura que transmite segurança e humildade ao mesmo tempo, temos uma situação ideal: quando você acertar porque sabe, ponto! Quando você acertar no "chute", ponto! Em ambos os casos, o examinador não tenderá a aprofundar a matéria para ver seu grau de conhecimento. Muito provavelmente, ele se dará por satisfeito e avançará para a próxima questão.

Tenha uma boa gestão do tempo. Gaste o tempo do examinador. É possível que um candidato receba nota 10,0 e outro nota 5,0 tendo respondido a mesma coisa. Como?

Vejamos um exemplo:

O examinador "X" fará quatro perguntas aos candidatos na prova oral (João e Carlos). Para isso, o examinador, possui 10 minutos.

As perguntas são as seguintes:

1) O que é tipicidade conglobante?

2) Qual o conceito analítico de crime?

3) O que é direito penal subterrâneo?

4) Em que consiste o princípio da bagatela imprópria?

João e Carlos sabem as respostas das questões números 1 e 2. Ambos não sabem as respostas das questões números 3 e 4.

João é o primeiro arguido. Ele responde à primeira pergunta em 2 minutos e 30 segundos. Em seguida, gasta o mesmo tempo para responder à segunda pergunta. Faltam 5 minutos. O examinador indaga João sobre as questões 3 e 4. João não sabe responder. E aí? Nota 5,0 para João.

Carlos é arguido em seguida. Ele responde à primeira pergunta em 5 minutos. Explica ao examinador o que é tipicidade conglobante, fala de tipicidade material e tipicidade formal. Enfim, demonstra conhecimento. Logo depois, Carlos gasta outros 5 minutos respondendo à segunda questão. Além do conceito analítico de crime, faz diferenciação entre teorias bipartite e tripartite etc. Fim do tempo. O examinador não perguntará a Carlos sobre as questões 3 e 4. Carlos acertou 100% do questionado e foi além. Qual a nota de Carlos? 10,0.

Perceba, com o mesmo conhecimento, um "fecha" a prova e o outro tira 5,0.

Lição número onze:

não basta ter conhecimento. É preciso saber como demonstrá-lo.

Lição número doze:

o tempo é um instrumento. Ele pode ser usado contra você ou a seu favor. Use-o sempre a seu favor.

Continuemos.

Quando souber a resposta, responda ao questionado diretamente. Em seguida, discorra sobre o tema. O examinador deseja saber se você sabe ou não a resposta.

Durante várias vezes em sua arguição, você não saberá a resposta (isso não é uma praga). É absolutamente normal que você não se lembre de um assunto ou que desconheça aquela expressão. Quando não houver qualquer resposta possível, seja prudente. Olhe nos olhos do examinador e diga com tranquilidade: "Excelência, não me recordo".

Eu mesmo não tenho ideia de quantas vezes usei a expressão "não me recordo" em minha arguição. E isso não me prejudicou (fui aprovado em primeiro lugar na prova oral da magistratura do TJDFT).

Mas quando você não souber a resposta, mas souber algo sobre o tema, diga o que você sabe. Responda pausadamente. Vá construindo seu raciocínio jurídico. Muitas vezes, a resposta virá à tona durante a sua fala. Ponto para você!

Só que, se você souber a resposta, responda diretamente. Introduções muito longas passam a ideia de que você não sabe exatamente qual a resposta. Portanto, agrade o examinador. Diga o que ele quer ouvir. Em seguida, discorra sobre tudo o que você souber sobre o tema educadamente. Assim, você vai usar o tempo a seu favor e não vai deixar o examinador estressado com seu proceder. Pelo contrário, ele poderá ficar impressionado com seu domínio do conteúdo jurídico.

Vale lembrar que, na prova oral, são aferidos, além do domínio jurídico, o uso adequado do vernáculo, a capacidade de argumentação, a postura corporal etc.

Use roupas discretas no dia de sua prova. Você não está lá para aparecer. Não use roupas extravagantes. A vestimenta fala muito sobre a personalidade de quem a usa. Roupas indiscretas, com cores fortes e excessivamente luxuosas podem passar a ideia de que seu perfil não condiz com o que se espera de agente público/político.

Especificamente sobre a prova oral da magistratura...

No caso do concurso da magistratura, o edital é dividido em pontos e, 24 horas antes da prova, é feito um sorteio do ponto que será cobrado. O candidato tem, a partir do sorteio, 24 horas para estudar aquele ponto e enfrentar o exame.

Isso muda a forma como o candidato ao concurso de juiz deve estudar para a prova oral.

É preciso ser realista: você não vai (e não pode) estudar 24 horas seguidas. Você vai estudar de 12 a 15 horas, no máximo (o que já é muito). É um dia atípico e você se dedicará aos estudos com maior afinco mesmo.

Portanto, desde o momento em que souber da sua aprovação nas provas de sentença, adote o seguinte comportamento.

Primeira semana: destine essa semana ao estudo de temas do edital que você desconhece. Essa é uma recomendação da professora Fabiana Perillo, uma das fundadoras do CP IURIS, aprovada nos concursos de Procuradora do Banco Central, Juíza do TJDFT, Defensora Pública do DF, Procuradora do DF e tabeliã do DF (ufa!). Hoje, ela é tabeliã. Vale lembrar que Fabiana, vulgarmente conhecida como "mito", recebeu nota 9,9 na sua prova oral de cartório.

Da segunda semana até dois dias antes da prova: simule o estudo que você terá na véspera (24 horas). Estude, a cada dia, um ponto do edital ou, a cada dois dias, um ponto, a depender do tempo que você tem disponível para os estudos.

Qual a importância dessa postura?

Lembre-se da segunda recomendação aplicável a todas as etapas (tenha domínio sobre o tempo destinado aos estudos de cada matéria).

Nas 24 horas anteriores à prova, você terá que estudar por volta de 13 disciplinas. Caso você destine 13 horas para o estudo de véspera, isso significa 1 hora por matéria. É importante respeitar esse limite.

Candidatos que não fazem isso, correm o risco de se perderem no tempo no dia anterior ao exame e irem para a prova oral sem ter revisado algumas disciplinas. Não seja um deles. Seu nível de insegurança e nervosismo pode prejudicá-lo demais. Além disso, a revisão na véspera do exame traz para a memória de "curto prazo" informações que existem na memória de "longo prazo".

Na antevéspera da prova: não estude. Você terá que estudar muito nas últimas 24 horas e deve chegar descansado para a véspera.

Aproveite esse dia para relaxar e para organizar como serão seu estudo e sua alimentação no dia seguinte. Deixe os materiais já separados para o dia seguinte. Separe também a roupa que você utilizará tanto no momento do sorteio do ponto quanto na prova oral. Evite estresse nos dois próximos dias.

Alguns candidatos, mesmo morando na cidade em que ocorrerá a prova, preferem reservar um hotel e passar os dois dias antes da prova lá. Motivo? Concentração. O ambiente familiar pode prejudicar os estudos, principalmente quando o dia requer isolamento. Caso você repute que sua casa não é o melhor lugar para passar as 24 horas anteriores ao certame, vá para um hotel. Antes de uma partida, jogadores devem se concentrar. Você tem uma final de campeonato pela frente.

Na véspera da prova: chegue cedo ao local do sorteio dos pontos. Não conte com a benevolência do trânsito. Evite desgastes e aborrecimentos em um dia tão importante. Vá para a prova com toda a tranquilidade possível.

Após a realização do sorteio, dirija-se ao seu ambiente de estudo e comece a batalha.

Como sua alimentação para as próximas 24 horas já estará organizada, você não perderá tempo com isso. Comece a estudar.

Coloque o celular no modo avião e acione o despertador a cada 1 hora. A cada toque do despertador, mude de disciplina. Intervalos de 5 minutos entre cada disciplina são bem-vindos. Você não perderá o foco.

Tente dormir meia-noite. Provavelmente, você acordará às 05 horas da manhã espontaneamente, em razão do seu nível de ansiedade. Por precaução, deixe o alarme do celular programado para o horário, peça à recepção do hotel que ligue para o quarto e, ainda, conte com a lembrança de, pelo menos, um parente. Prudência nunca é demais nessas horas.

Acorde bem. Faça uma oração. Tome um banho. Olhe para o espelho e sorria. Mantenha a calma. Coloque sua roupa tranquilamente e dirija-se ao local de prova.

Lá, será feito o sorteio da ordem de arguições. Você pode ser o primeiro candidato a ser arguido ou o último. Isso não faz diferença (apesar das milhares de teses de que faz).

Feito o sorteio, suponhamos que você seja o terceiro candidato da ordem de arguição. Todos serão levados à sala de confinamento.

Momentos antes da prova (na sala de confinamento): evite comentários a respeito da prova e discussões sobre temas jurídicos com os demais candidatos. Eu sei que isso é praticamente impossível, mas esses dois assuntos podem aumentar seu nível de nervosismo e insegurança. Alguém cita um julgado que você desconhece ou fala de uma técnica de resposta que você nunca treinou e pronto! Você acha que não está preparado. Fique tranquilo. Mantenha o foco e a concentração.

Leve seu material escrito de estudo. Vá lendo os temas pelo seu material (lembra do meu trauma da USP?). Evite fontes que você desconhece.

Quando chegar o seu momento, alguém irá chamá-lo. Respire fundo. Faça uma respiração diafragmática. Concentre-se e vá.

Não olhe para a plateia. Não procure familiares ou amigos entre os presentes. Esqueça o mundo. Seu foco é o exame neste momento. Sente-se com uma boa postura e esteja preparado para perguntas padrão.

Seguem duas perguntas típicas com sugestões de resposta:

PRIMEIRA

Examinador: Bom dia, candidato. O senhor está nervoso?

Candidato: Bom dia, Excelência. Um pouco, dentro do normal.

Observação: não diga que você não está nervoso. O momento é importante para a sua vida. É natural que você esteja um pouco nervoso.

SEGUNDA

Examinador: Candidato, por que ser juiz?

Candidato: Excelência, dentre as profissões que o Direito oferece, a magistratura é aquela com a que eu mais me identifico e para a qual me sinto vocacionado. A promoção efetiva da pacificação social é fundamental para a sociedade e é um desejo meu ser um desses instrumentos sociais.

Observação: não diga que a magistratura é seu sonho, mesmo que seja. A descrição da magistratura como um sonho pode passar a ideia de uma visão muito romantizada e pouco realista da função.

Últimas orientações para a prova oral:

1. **Nunca afronte a banca.** Não é o momento de fazer inimizades. Seja humilde.
2. **Não faça brincadeiras com o examinador.** Por mais que ele seja educado, não se iluda: ele não é seu amigo. Seja igualmente educado, mas lembre-se da formalidade da ocasião.

CAPÍTULO

11

A MINHA PROVA ORAL

Com o provimento do recurso na sentença cível, eu tinha que mudar meu estilo de estudo.

A despeito do risco de indeferimento da inscrição definitiva em razão do tempo de prática jurídica, eu não poderia me dar ao luxo de esperar uma decisão administrativa ou judicial para iniciar minha preparação. Nesse momento, eu tive que arriscar.

> **Lição número treze:**
> *por maior que seja a sua prudência, em alguns momentos da vida você terá que tomar uma decisão arriscada. O tempo será nebuloso e só no futuro você saberá qual era o melhor caminho. Aceite a realidade. Arrisque.*

Apesar de um histórico que indicava alguma habilidade na fala, eu decidi me preparar. Fiz três cursos: um com uma fonoaudióloga, um com juízas do TJDFT e um com um juiz federal, Pedro Filipe, que posteriormente tornou-se um amigo pessoal.

O primeiro curso foi com a fonoaudióloga Izabel Guedes em Brasília. Três dias intensos, corrigindo falhas que eu não percebia em minha fala.

A Izabel, ao final do curso, recomendou-me o Pedro. Disse-me que ele havia sido o primeiro lugar em seu concurso e que poderia testar minhas habilidades jurídicas. Lá fui eu.

Ingresso na sala para ser arguido. Diante de mim um rapaz da minha idade, mas com aparência ainda mais jovial. Ele começa as inquirições. A sensação era de que eu não sabia de absolutamente nada. Apesar disso, já havia aprendido as técnicas que citei acima. Ao final, Pedro me disse que minha nota seria altíssima na prova, um forte candidato ao primeiro lugar. Nessas horas, qualquer auxílio à autoestima é providencial.

Fui à Brasília. Curso de uma semana com as Juízas do TJDFT, Carla Patrícia e Marília Sampaio (as mesmas que leram meu recurso da sentença cível). Conheci vários dos candidatos que estavam lá comigo. Treinei um pouco mais.

Uma semana antes da prova, como já descrevi, a Desembargadora-Relatora, Carmelita Brasil, havia indeferido meu pedido liminar. Dois dias antes do início dos exames, eu tomei conhecimento da reconsideração da sua decisão e do deferimento do pedido.

Com a vitória liminar na terça-feira, eu fui para Anápolis, arrumei minhas coisas e voltei para Brasília na sexta (antevéspera da minha prova).

Reservei um hotel que ficava relativamente próximo ao local da prova.

No dia do sorteio dos pontos, lá estava eu esperando a definição do que estudaríamos. O Presidente da Comissão do Concurso, Desembargador Sérgio Bittencourt, perguntou se algum candidato se habilitava a participar do sorteio. Eu me habilitei. Retirei uma bola do círculo e saiu o seguinte ponto: Ponto 16. Estava lançada a sorte.

Os examinadores nos desejaram bons estudos e voltamos cada um para o seu "quartel general". Resumos devidamente separados, eu comecei a estudar.

A cada hora, parava de ler sobre aquela disciplina e avançava para a próxima.

Às 12 horas, almocei no hotel. Às 17 horas, comi as barras de cereais que havia no quarto. Às 20 horas, jantei também no hotel. Às 23 horas, tomei banho e tentei dormir. Dormir mal, mas dormi.

Consegui dormir entre meia-noite e 05 horas da manhã (no máximo). Acordei, tomei banho, coloquei a roupa. Orei. Desci às 07 horas. Fiz *check out*, paguei a conta e, quando fui ligar meu carro no estacionamento, vi o vidro quebrado. Haviam tentado furtar meu veículo na noite anterior (essa é a notícia ruim). A notícia boa é que não conseguiram levar nada. Eu não iria me estressar com aquilo naquele momento. Como o vidro quebrado era o traseiro, entrei normalmente no veículo e fui fazer a prova.

Chegando lá, reunimo-nos todos os candidatos. A comissão do concurso fez o sorteio da ordem de arguição. Acredito que eu tenha sido o quarto de oito candidatos. Fomos para a sala do confinamento.

O Tribunal forneceria café da manhã e almoço para os examinandos. Eu havia acabado de comer e, obviamente, estava sem fome naquele momento. Cada arguição durava, em média, 1 hora. A minha começaria às 12 horas. Eu não iria almoçar.

Às 12 horas, aproximadamente, entra uma das servidoras integrantes da comissão e me chama. Levanto-me, respiro fundo e vou.

Havia um clima do tipo: "vamos ver o que esse menino tem para mostrar". Eu precisava me sair bem. Com certeza, meu desempenho na prova oral influenciaria positivamente ou negativamente o mérito do meu mandado de segurança. Ali, eu teria a oportunidade de mostrar se eu estava realmente preparado para a pressão do cargo.

Dirigi-me ao auditório. Não olhei para a plateia. Sentei-me. O Desembargador Sérgio Bittencourt fez-me aquela primeira pergunta clássica (o candidato está nervoso?). Eu disse que estava um pouco, mas estava muito nervoso naquele momento.

A prova teve início. A primeira série de arguições era com o Desembargador Hermenegildo Fernandes Gonçalves (direito constitucional). Os candidatos dos dias anteriores já haviam nos informado que o Desembargador Hermenegildo fazia o papel do examinador carrasco, com arguições seguidas de gestos que insinuavam um péssimo desempenho do candidato. Eu estava preparado psicologicamente para isso. Fui bem em Constitucional (nota 9,0).

Lembro-me que, em seguida, fui arguido em Direito Civil pela juíza Sandra Reves. Sandra é o tipo de pessoa que classifico como "geneticamente programada para a magistratura". Pouquíssimas pessoas têm o equilíbrio, a educação e a capacidade de se expressar com tamanha clareza, como a Sandra. Aqui, abro parênteses para ressaltar que, se há três pessoas dentro do TJDFT que merecem um dia ser ministros são eles Sandra Reves, Pedro Yung-Tai e o Desembargador George Lopes Leite. Todos os três têm, além de conhecimento jurídico, algo que julgo essencial a um julgador: sensibilidade. Julgam com firmeza, mas sem dureza de coração. Fazem justiça com o Direito e alcançam um anseio social legítimo: a paz.

Voltemos à prova.

Sandra começa a me arguir. E logo na primeira resposta, ela faz um sinal (consciente ou não) de concordância e sussurra um "perfeito". Era tudo o que eu precisava ver e ouvir naquele momento. A partir daí, eu cresci na prova. O rapaz de 25 anos, que carregava na história os primeiros lugares em todas as instituições de ensino pelas quais passou, fez jus à bagagem e mostrou que a identidade se explicita no olhar, na postura e na fala, mas nunca no registro geral.

Fim de prova.

Levantei-me. No caminho para a saída do auditório, "concurseiros" me parabenizavam pelo desempenho no exame e me perguntavam como eu havia me preparado. Sentada, ao final do salão, estava Doutora Carla Patrícia, minha professora. Ela havia assistido à arguição. Eu a cumprimentei. Ela, com toda firmeza que lhe é peculiar, olhou em meus olhos e disse apenas uma frase: "vá comprar a toga".

Com aquela "sentença", tive a certeza de que havia me saído bem. Restava aguardar o resultado.

Voltei para Anápolis. Estamos, ainda no domingo, 01 de setembro de 2013.

Encontrei alguns amigos na chegada. Em seguida, fui para casa.

Exatamente às 19h37min, chega à minha caixa de entrada um e-mail com o seguinte título: "Em primeira mão". O e-mail, enviado pelo colega Rodrigo Barbosa, começava com as seguintes palavras: "Nobres Magistrados...". O Rodrigo havia sido o último candidato a ser arguido. A comissão pediu que ele esperasse a divulgação naquele momento para que pudesse comunicar o resultado a todos os candidatos. Ele esperou. Todos havíamos sido aprovados.

Naquele momento, um filme passou em minha cabeça (escola, faculdade, delegacia, concurso, aprovação, reprovação, aprovação, angústia e vitória). Eu estava na sala de televisão com meus pais. Rapidamente, minha e irmã e meu cunhado chegaram. Em seguida, comecei a receber ligações. Era uma notícia incrível. Eu estava eufórico. Mas, claro, na prova eu havia vencido, faltava vencer no mandado de segurança....

Aqui, abro espaço para um texto que escrevi, dirigido aos que estudam para concursos, em que relato essa experiência:

Já pensou? Eu. Você.

Já pensou em como vai ser quando tudo isso passar? Quando você acordar e ir para academia sem a pressão dos estudos? Quando você puder ter outros planos e muitos planos que hoje estão mudos?

Já pensou no dia da sua aprovação? No momento da divulgação do resultado da prova oral? De você ligando apenas para uma pessoa da sua família (ela vai se encarregar de espalhar para o mundo)?

Alguns momentos da vida são marcantes. Você sempre se lembrará em qual local estava quando aquilo aconteceu. Lembra de onde você estava quando saiu o resultado do vestibular? E, nos atentados de 11 de setembro, onde você estava quando soube da notícia?

No dia do resultado da minha prova oral, eu estava na sala de TV com minha família quando recebi um e-mail. Nós, candidatos, havíamos formado um grupo de estudos para a prova oral. No domingo, último dia de arguições, o último candidato a ser arguido recebeu a informação da banca: "vocês foram aprovados".

Ele, então, mandou um e-mail para o grupo, que começava assim: "Nobres Magistrados..." E assim, foi que eu recebi a notícia, e essa foi a primeira vez que fui chamado de magistrado. E foi de arrepiar.

Um dia, vai ser você. Um dia, você vai sair de casa para tirar as medidas. Tirar as medidas da toga. Vai sair para encomendar as mudanças, afinal, muito provavelmente, você vai para o interior. Um dia, um amigo de infância vai se encontrar com você e perguntar: "rapaz, o que você faz da vida?" E sua resposta vai ser: "eu sou juiz". E vai ser de arrepiar.

Acredite: você vai ganhar essa queda de braço com o seu problema. Olhe bem nos olhos dele e diga: "comigo não".

Por fim, não fuja da guerra. Como disse a Ministra Carmen Lúcia em artigo publicado no Correio Braziliense: "a vida não perdoa dissidentes". Não seja um deles.

Um dia cheio de "comigo não" para todos nós!

Lição número quatorze:
comemore suas vitórias legítimas, mesmo que ainda não definitivas. Isso vai recarregar suas forças para as próximas batalhas. Em um jogo de futebol, jogadores comemoram a cada gol, e não apenas ao apito final. Faça o mesmo.

CAPÍTULO

12

O JULGAMENTO DO MANDADO DE SEGURANÇA

A partir da prova oral, eu passei a assumir o primeiro lugar geral do concurso. Posteriormente, perdi duas posições na fase de títulos, tendo concluído o concurso na terceira posição.

Mesmo aprovado, minha nomeação não poderia se dar com base apenas em uma liminar que me mantinha no certame. Era necessário aguardar o julgamento do mandado de segurança pelo Conselho Especial do Tribunal de Justiça do Distrito Federal e dos Territórios. E, obviamente, eu aguardei, acompanhando diariamente a evolução do processo pela internet.

Os autos haviam sido remetidos ao Ministério Público (MPDFT), a fim de que fosse dado o parecer sobre o pedido. Eu sabia da importância do entendimento ministerial. Estava ansioso. Dias depois, chega a manifestação do "Parquet": a favor da concessão da segurança. Ponto! O MPDFT entendeu que não poderiam as resoluções do CNJ e do CNMP regularem de forma diversa o ingresso em cargos cuja exigência constitucional é a mesma. Além disso, ainda que se considerasse a resolução do CNJ como constitucional, ela produzia, no caso concreto, um resultado inconstitucional, ao impedir o ingresso na magistratura de alguém com experiência prática suficiente (o que era o real desejo do constituinte).

Poucas semanas depois, o processo foi pautado. Doutor Eduardo Lowenhaupt, meu advogado, requereu sustentação oral perante o Conselho Especial. O requerimento foi deferido.

Fomos eu e Doutor Eduardo à sessão. Aguardamos. Era o momento. Chamaram-no. Levantou-se o Doutor, vestiu sua beca e posicionou-se em frente ao Conselho. Fez sua sustentação e, ao final, recitou uma poesia que eu havia escrito, dirigida ao Conselho Especial. Segue o poema:

AO CONSELHO ESPECIAL

Ó amado tribunal
Que foste sonho e, ainda o é,
Que és mãe e eu filho de pé
A esperar o teu sinal

No desejo de ser juiz,
Fiz-me escravo dos livros,
Fiz-me homem de poucos amigos
E, na ferida, fiz eu mesmo a cicatriz.

Quando os convites me afastavam
Das tuas mãos, que as minhas procuravam
Não hesitei em recusar
Era sacrifício cobrado de quem decidiu amar!

Se era sonho ser teu filho?
Ah, pergunta isso aos meus amigos,
e eles mesmos te dirão
Que nem os filhos desta terra,
Que nem os nascidos nesta festa,
Depositaram tão fielmente o coração!

E depois de atravessar
todo este mar
Cujo sal provém de lágrimas
e do meu muito chorar
Optou Deus por confiar
A minha vida em tuas mãos.

E Serão teus filhos mais nobres, ó tribunal,
Que quando reunidos darão o sinal
E que em uma só voz me dirão
Se sou eu bem-vindo ou não.

Por isso rogo a este Conselho Especial
Que especial seja o meu clamor aos teus ouvidos
Que na presença de Deus, dos meus familiares e amigos,
Possa eu jurar servir a este país e obedecer à Constituição Federal

E dizer aos meus filhos, netos e a quem ler este poema
que quando a vida me colocou em um dilema
Os excelentíssimos desembargadores do Conselho Especial
Disseram a este jovem juiz em potencial:
vem, teu sonho hoje é real, és juiz na justiça do Distrito Federal!

Fim de sustentação.

A Desembargadora-Relatora, Carmelita Brasil, inicia seu voto. Em uma decisão extensa, muito bem fundamentada e valendo-se em parte do parecer ministerial, ela vota pela concessão da segurança.

Em seguida, o Desembargador Flávio Rostirola pede vista. O julgamento, então, seria adiado.

Mas, antes de ser adiado, o Desembargador Jair Soares requer o uso da palavra e decide adiantar o seu voto. Com um discurso forte, o Desembargador veementemente nega a concessão da segurança, no que é acompanhado imediatamente por outros três desembargadores. Naquele momento, eu perdia por quatro a um.

O desembargador Mario Machado decide também fazer uso da palavra e adiantar seu voto. O respeito e a consideração que todos os magistrados têm pelo Desembargador Mário são notórios. Eu sabia da importância do seu voto. Mas, na lista dos possíveis votos que meu advogado havia elaborado, considerando o estilo de cada julgador, constava que o Desembargador Mário denegaria a segurança. Graças a Deus, estávamos errados. Ele, em um voto belíssimo (claro que sou suspeito), votou pela concessão do pedido.

Pronto. Julgamento suspenso. Perdíamos por quatro a dois e teríamos que aguardar o voto do Desembargador Rostirola.

Voltei para casa. Naquele momento, o mundo desabava aos meus olhos. Faltavam 6 votos, e eu precisava de 5.

Duas semanas depois, o processo foi novamente pautado.

O Desembargador Rostirola vota pela concessão. Entre seus argumentos, a necessidade de se observar a coerência: não pode um Tribunal que pergunta em prova discursiva de seu concurso o que é lógica do razoável adotar postura não razoável em suas decisões. Quatro a três.

Próximo voto. Desembargadora Vera Andrighi: contra. Cinco a três. Eu precisava dos próximos quatro votos. Se fossem três a favor e um contra, o presidente teria que dar o voto de minerva.

Com a palavra o Desembargador e Professor, George Lopes Leite. Citando um livro da literatura jurídica histórica, o Desembargador disse: "o Direito não é a lógica do racional, mas a lógica do razoável. Não é razoável reprovar quem já está aprovado". Ele foi seguido por todos os três desembargadores.

Fim de julgamento: sete a cinco. Vencemos.

Enviado ofício ao Presidente do TJDFT que proferiu o seguinte despacho: "cumpra-se". Alguns dias depois, eu fui nomeado.

No dia 25 de novembro de 2013, tomei posse.

No dia 26, eu acordei, olhei para o espelho e me fiz a seguinte pergunta: "o que você faz da vida"? E, com um sorriso legítimo, respondi: eu sou juiz.

Um dia tudo muda. Naquele dia, tudo havia mudado. Então, escrevi um texto dirigido aos que batalham pelos concursos jurídicos. Segue:

Um dia. Eu. Você.

Um dia tudo muda. Em algum momento, o carro que era de brinquedo vira de verdade. O terno que era de casamento vira uniforme. A menina que era de passar tempo vira esposa. Um dia, a gente nem percebe e tudo se transforma.

Você que acordava com o café da manhã pronto, descobre para que serve a geladeira. Pior, descobre que a mesa do café não era obra do além. Era obra de alguém. E esse alguém agora tem que ser você.

Um dia, você que só fazia a conta do tempo que levava entre a sua casa e a casa do seu amigo, descobre o que é a conta de luz, de água, do condomínio, da escola, do curso, da vida...

Um dia, tudo muda.

Comigo foi assim. Comigo é assim.

Aos 17 anos, eu mudei de estudante de ensino médio para estudante universitário. Aos 22, de universitário para delegado. Aos 25, de delegado para juiz.

E entenda: eu não dormi delegado e acordei juiz. Eu já era juiz há anos.

Um dia, eu assumi o cargo. Muitos anos antes, eu já vinha tomando posse.

E o que isso significa? Significa atitude.

Tomar posse por antecipação é acreditar. É ter a certeza de que você vai chegar aonde quiser. Em simples palavras, é ter fé.

Isso. Basta insistir. Pouquíssimas pessoas insistem. Ir para biblioteca na segunda de manhã todo mundo vai. Quero ver ir na sexta à noite. Quero ver agüentar até o final. Quem aguenta até o final vira o líder da casa. Lembrou do BBB? Esqueça. Melhor lembrar da TV Justiça. Vida de concurseiro é assim... Rs.

Quanto a mim, eu tenho milhares de sonhos. Muitos mesmo. E eu vou atrás de cada um deles. Por quê? Porque "vouloir c'est pouvoir". Ou, em bom português, "querer é poder".

E você? Já escreveu seu sonho na parede do seu quarto? Já fixou até quando você vai passar? Já malhou bíceps com seu vademecum hoje?

Você é o juiz de amanhã. Basta insistir. Vencerá o persistente.

Por fim, grave no seu coração e na sua mente: "Vouloir c'est pouvoir".

Um bom dia!

O mandado de segurança foi extremamente importante para mim. Pude sentir, no peito, na pele e na mente, o peso de uma decisão judicial e como ela pode mudar completamente a vida de alguém. Mudar uma história. Percebi, mais uma vez, o quanto o sofrimento amadurece o homem.

Era hora de colocar em prática tudo o que eu havia vivido, estudado e sentido.

Lição número quinze:

o sofrimento é uma escola. No mínimo, ele ensina ao sofredor o que é maturidade. Faça um favor à sua história: aprenda.

Lição número dezesseis:

há batalhas que envolvem diretamente a sua vida, cujas decisões finais dependem exclusivamente de você (estudar ou não, trabalhar ou não, progredir ou não). Essas são as mais fáceis. Outras envolvem diretamente a sua vida, mas as decisões finais não dependem em nada de você (doenças, casos na justiça, políticas públicas). Essas são bem mais difíceis. O que elas exigem? Elas exigem fé.

CAPÍTULO

13

OS PRIMEIROS MESES DE MAGISTRATURA

Estava eu em meu gabinete (se é que juiz substituto pode chamar um gabinete de seu), quando o telefone toca. Do outro lado, Fabiana Lustosa, servidora lotada junto ao SEREME (Serviço de Revista e Ementário) do TJDFT.

Ela me convidou para escrever um artigo para a revista do Tribunal. Eu, claro, aceitei. Perguntei se o artigo deveria ser eminentemente jurídico ou não. Respondeu-me que eu estava livre para escrever. Escrevi.

O artigo que escrevi tratava daqueles primeiros meses como juiz. Posteriormente, a revista do Tribunal passou por uma grande reformulação e os artigos teriam que ser jurídicos. Assim, o texto acabou não sendo publicado. Mas segue:

A toga e o coração

E lá se vão oito... Oito meses de magistratura. Eu sei, é pouco. Mas, se é a primeira impressão a que fica, deixo aqui as minhas.

Sobre ser juiz substituto. É uma célula tronco. Lançado em qualquer órgão da justiça, deve se transformar em minutos em um criminalista, um civilista, um consumerista, um administrativista.... Mas, por ser jurídica, é uma célula tronco sui generis. O fato de especializar-se no tecido atual não impede a transformação da célula no dia seguinte. Por qual razão? Simples. Hoje, ele está na oitava vara cível de Brasília, amanhã no Tribunal do Júri de Taguatinga e depois de amanhã... E depois de amanhã? Ele não sabe. Nem ele, nem a primeira vice-presidência. Depende da demanda que surgir. Depende da doença que acometer o colega juiz titular. É, vivemos assim... Portanto, desejamos que os juízes titulares de varas organizadas adoeçam e os titulares de varas deficitárias sejam campeões de Ironman. O raciocínio é extremado, mas não deixa de ser levemente verdadeiro.

Sobre ser juiz. Pergunte a quem não é. Eles dirão: uma maravilha! Cafezinho para cá, lanchezinho para lá, decide como quer... E se não gostarem? Que recorram! Mas eles não percebem que, ao deslizar de passos suaves do garçom que se evade da sala, ingressam rudemente os carrinhos de processo trazidos pela simpática assessoria. Muitos carrinhos de processo. Não bastasse, enquanto você está mergulhado nesse oceano jurídico e respira por meio de um "tanque" de oxigênio, alguém abre a porta e diz: "Doutor, há um advogado querendo despachar".

A vida de juiz, durante esses oito meses, tem se mostrado interessante. Bem interessante. Em velocidade ímpar nos acostumamos à nova realidade. A naturalidade é tamanha que sugere termos nascido juízes. Não nascemos. Mas, acredito, nascemos para ser juízes. Se Vossa Excelência não pensa assim, é hora de pedir exoneração. Faça isso por você! Ganhe a chance de ser feliz profissionalmente! Descubra o que é despertar cheio de ânimo e descansar cheio de sonhos! E a sociedade? Não se preocupe, ela também ganhará com a sua saída...

Dizem que os juízes novos correm sério risco de "juizite". Pode ser. Mas acredito que não seja tão comum assim. Pelo menos, não em Brasília. Os ares da Capital não favorecem o desenvolvimento da "doença". Você é juiz, mas seu vizinho é diplomata, seu amigo é deputado, ou filho de um senador, e aquele conhecido é ministro. Tudo bem, confesso, eu ainda não tenho conhecidos ministros. Mas voltemos. Aqui em Brasília, o contato com o poder é tão grande, tão forte, que qualquer juiz de primeira instância percebe, ou deveria perceber, que ele é só mais um instrumento da sociedade. Uma simples peça de uma máquina demasiadamente maior e inegavelmente mais complexa.

Sobre as "doenças" que acometem os juízes, temo muito mais outra. Uma doença que percebi ao longo desses oito meses de magistratura. Como ela não tinha nome, decidi chama-la de "TNC", ou seja, toga-necro-cardia. A doença consiste na "morte" do coração causada pela toga. A toga, em alguns juízes, é capaz de sufocar o coração, sufocar a capacidade do magistrado de se emocionar, de entender o sofrimento alheio, de se quebrantar perante a aflição do outro. Ele não só não se emociona em fazer justiça, como não faz justiça. O "doente" magistrado apenas aplica a lei, ou, na melhor das hipóteses, aplica o direito.

E quer saber? Quem bate às portas do judiciário não procura o direito, procura a justiça. O Tribunal não é o Tribunal de Direito, mas sim o Tribunal de Justiça, o que é muito diferente. É revoltante quando, a pretexto de cumprir o direito, o juiz comete injustiças. Não! Não faça isso! Tenha peito para honrar a liberdade que a Constituição lhe deu. Os holofotes da mídia não podem ser a lâmpada do seu gabinete. E a espada da corregedoria não pode limitar o seu ir e vir jurídico. Não seja covarde. As consequências de sua decisão interferem, talvez definitivamente, no futuro de muitas pessoas. Fosse de uma pessoa só, sua responsabilidade seria enorme. Mas, sendo difuso o efeito do seu decidir, sua responsabilidade é homérica. Cada vez que a injustiça é produto de suas mãos, você lança por terra, ou melhor, lança por lama o nome do Poder Judiciário e faz crer aos homens que, neste Poder, a Justiça, como César, foi traída por seu filho Juiz.

O jurisdicionado não quer saber o que diz o Código de Processo Civil. Pouco importa a João, que teve sua chácara invadida, se a ação é petitória ou possessória, se a decisão que determina a reintegração da posse é tutela antecipada ou medida cautelar, e se o recurso cabível desta decisão é o agravo de instrumento ou o retido. Pouco importa, ou melhor, nada importa! O que João quer é ter novamente a posse do seu imóvel. Quer e é justo que tenha. Afinal, estamos aqui para fazer justiça e não citações de Pontes de Miranda ou Kelsen.

Veja o meu caso. Eu vivi isso. Aprovado no concurso, mas com a posse nas mãos da justiça. Motivo? Na época da inscrição definitiva do concurso da magistratura, faltavam três meses e alguns dias para que eu completasse o triênio exigido pela resolução do Conselho Nacional de Justiça. Mas qual a razão de se exigir os três anos de prática na inscrição definitiva do concurso? A partir da inscrição definitiva, você é o que mesmo? Você é nada.... Ou melhor, você continua sendo um candidato. Mas a Constituição exige três anos. É, ela exige. Mas exige três anos para ser juiz, não para prestar o concurso. E, quando fui tomar posse, eu já tinha os três anos de prática jurídica.

No triênio, fui delegado de polícia. Entre um plantão e outro, fazia do livro meu melhor amigo. Como prêmio, Deus me abençoou e eu passei no concurso. Seria justo que eu tomasse posse. Eu sei, seria justo. E a decisão, realmente, foi parar nas mãos da Justiça, especificamente, do Conselho Especial do Tribunal de Justiça do Distrito Federal e dos Territórios.

Hora do julgamento. Emoções em cada início de voto. Discussões acaloradas, mas frias perto do suor que havia em mim. Houve quem dissesse que eu estaria tomando a vaga de outra pessoa. Que pessoa, se havia 93 vagas e eram 23 os aprovados? Talvez no próximo concurso... O próximo concurso chegou e, com as mesmas 93 vagas, agora são 07 os aprovados. Tudo bem.... Então eu estaria violando o edital. Violei o edital. Violei quando o mérito permitiu que eu violasse. Violei o edital quando a isonomia constitucional rasgou o texto frio da resolução do CNJ e, tapando os olhos dos examinadores com as vendas da Justiça, fez não identificáveis as provas corrigidas, consagrando entre os aprovados um rapaz amante do livro. Com os olhos tapados, éramos todos iguais. Com os olhos abertos, descobriram os homens que entre os candidatos havia um especialmente jovem. Cumprir o edital seria ferir a Constituição. Ela não estabeleceu esta restrição de três anos de prática jurídica antes da posse, que é quando o juiz ingressa efetivamente na carreira, e a liberdade de profissão só pode ser restringida por lei, não por edital ou por resolução do CNJ. É o que diz o artigo 5º, inciso XIII, da Carta Magna!

Mas naquele momento, no momento do julgamento, eu não podia fazer mais nada. O mérito havia me levado à aprovação. Só o milagre do quebrantar de corações me levaria ao cargo.

Foram duas sessões de julgamento. Na primeira, saí perdendo por quatro a dois. Na segunda, veio a virada. Por sete votos a cinco, a segurança foi concedida. Eu, que saí chorando da primeira sessão, saí chorando da segunda. Claro que as lágrimas eram impulsionadas por sentimentos completamente distintos. Absolutamente grato a Deus. Consciente de que é possível ao homem caminhar até a porta, mas que o abrir da porta depende da chave que se encontra nas mãos divinas.

Defendo que toda sala de audiência tenha um microfone sobre a mesa do juiz. Não porque a formalidade do ato exija. Não acho que exija. Nem porque seja preciso registrar em áudio o que falamos. Muitas vezes ditamos. Mas sim porque é preciso deixar o microfone mais perto do peito. É necessário permitir que a justiça, que primeiro dialoga com o coração para depois tratar com a mente, tome seu lugar em sala. Assim, poderemos dizer ao final de algumas audiências que "a boca se fez em silêncio para ouvir a voz do coração", ou melhor, para ouvir a voz da justiça.

Nestes oito meses de magistratura perdi alguns medos e adquiri outros. Perdi o medo da estatística. Quando você é juiz substituto, sua produtividade depende da vara do dia. Também perdi o medo da audiência. Se ela vai ser difícil ou não, você, provavelmente, só descobrirá "in loco", então não é inteligente sofrer por antecipação.

Agora, temo a injustiça, o não-amor, a secura dos olhos, a imparcialidade burra, a neutralidade morta.

Temo que uma decisão minha seja capaz de separar uma mãe amorosa de um filho necessitado de amor. Que uma prestação alimentícia onerosa em favor de um infante faça com que os outros filhos experimentem miséria. Amedronta-me que o deferimento tardio de um pedido de internação em UTI se transforme em autorização para transporte do corpo. Mas temo muito mais que a toga "mate" o meu coração.

Causa-me tristeza o imaginar que, amanhã, poderei não mais me emocionar com o caso do pobre cego de Taguatinga que, não podendo pagar R$ 20,00 de uma conta antiga de energia, teve interrompida a prestação do serviço. E o cego, que não podia ver a luz do dia, porque privado pela natureza, agora, não podia sentir o prazer da água quente, porque privado pelo homem. O miserável, então, quase que sem esperança, bate às portas do judiciário através da defensoria pública. Vejamos o que diz a lei... esqueça! O dispositivo é fácil de achar! Melhor ouvir o que diz a justiça: restabeleça-se a prestação do serviço. Basta deixar falar o coração.

Por fim, se você é juiz e a toga lhe causa transtornos cardíacos, vá para a audiência de terno mesmo. Se o terno lhe faz mal, vá de camiseta, de sunga, de... não. Não vá pelado. Poupe os jurisdicionados desta cena.

Essas foram as minhas considerações sobre os primeiros oito meses como juiz.

CAPÍTULO

14

CARTA AOS QUE DECIDIRAM PRESTAR CONCURSOS

Prezado,

Eu era você. Ou melhor, eu sou você daqui a alguns dias.

Certa vez, eu e você resolvemos fazer direito. Eu sei, nós nem sabíamos exatamente o motivo. Talvez por falta de opção, por influência de um parente ou porque estávamos perdidos quando decidimos o curso. Não se culpe por isso. Reputo criminosa a conduta de obrigar um adolescente de 16 anos a decidir o que irá fazer pelo resto da vida. Mas essa é a regra do jogo por aqui...

Você decidiu. Eu decidi. E, a cada dia, continuamos decidindo prosseguir nesse caminho.

Aí, entramos na faculdade e começaram as decepções. Alguns professores faltavam às aulas, outros iam, mas as aulas eram superficiais, e nós (e os nossos amigos) nos tornamos pessoas descompromissadas com o estudo.

Os anos passaram, você se formou e hoje vem este pensamento: se eu pudesse voltar atrás, faria a faculdade de uma forma completamente diferente. É, mas os anos não voltam.

Você sabe disso. Eu sei. No filme da vida, não é possível gravar "em cima", refazer a cena, trocar os atores. Passado é quem nós éramos. Presente é quem nós somos. E, no presente, temos todo o direito de não gostar de quem nós éramos. Mas atente-se: o futuro é virgem. E o futuro é quem nós seremos. Afinal de contas, o que queremos ser? O que você quer ser? Fique à vontade para decidir.

Durante o curso, você pensou em advogar. Assim que se formou, tentou, por um tempo, enveredar-se pelo caminho dos causídicos e sentiu nas filas de cartório a dureza do início da profissão. É... A popularização dos cursos de Direito gerou um exército de advogados. Consequentemente, o mercado ficou muito mais difícil e os salários foram achatados.

Então, você decidiu prestar concursos. O sacrifício dos estudos por um bom tempo não seria simples, mas, pelo menos, você não viveria a incerteza da advocacia.

Tudo bem. Sua decisão é legítima. Mas, se esse foi o seu motivo inicial, ele não pode ser, hoje, a sua única razão. Aliás, não pode sequer ser a principal. Você deve refletir de uma forma diferente. Se não houvesse barreiras, qual seria a profissão que você exerceria? Se não houvesse dificuldades, o que você seria? Se o sucesso fosse certo em qualquer ramo, qual trabalho você chamaria de seu?

Responda honestamente. Sabe por quê? Porque profissão é algo essencial na sua vida. Concurso, não. Concurso pode ser, no máximo, algo fundamental para você.

Segue um texto que escrevi:

O fundamental, o essencial e o concurso público

Fundamental e essencial não são a mesma coisa. Há uma diferença. Perceba. Fundamental nada mais é do que caminho. Essencial é chegada. O primeiro, como o próprio nome diz, é fundamento, base, apoio. O segundo é a essência que se alcança através daquele fundamento. Explico.

João quer ter amigos. Amizade é essencial. Mas, para fazer amigos, ele começa a sair, a frequentar outros lugares, a ver mais pessoas. Por quê? Porque ter um círculo social é fundamental para fazer amizades.

Acompanho pessoas que prestam concursos. Percebo uma confusão. Carlos sente-se vocacionado à magistratura, Maria ao ministério público e José à defensoria. A profissão é essencial. Mas, para ser juiz, promotor ou defensor, eles precisam passar nos respectivos concursos. Isso é fundamental. Só que muita gente inverte.

Em busca de uma estabilidade, pessoas procuram editais para a profissão "concursado". Mas "concursado" não é profissão. E estabilidade é utopia.

Antes que você atire em mim a primeira pedra, reflita. Os vencimentos de um servidor público ficam congelados por 5 anos (sendo otimista). Considerando uma inflação média de 8 por cento ao ano, em 5 anos, o poder aquisitivo dele cai 40%. Isso é estabilidade? Tudo bem, ele não é "mandado embora". Mas a cada ano que passa, ele ganha menos. E o que parece muito interessante hoje pode não ser amanhã.

Então, por que prestar concurso público? Porque é fundamental para exercer a profissão que deseja. Se não for esse o motivo, você está confundindo fundamental com essencial.

Neste dia, reflita se você não tem feito isso nessa e em outras áreas da sua vida. Veja se não está confundindo ter um "grande círculo social" (fundamento) com ter amigos (essência), almoço com a família (fundamento) com comunhão em família (essência), fazer uma oração (fundamento) com ter fé (essência). Por fim, a vida pede mais do que o fundamental. Ela pede o essencial. E o essencial para você só você pode saber. Bom dia!

Agora, você já sabe a diferença entre fundamental e essencial.

Suponhamos que você tenha decidido se tornar juiz (pode ser promotor, procurador, defensor ou qualquer profissão que exija concurso).

A partir de agora, para você chegar ao essencial, você terá que passar pelo fundamental. E isso requer coragem.

Para você que decidiu prestar concursos, eu tenho uma palavra: parabéns! Você é uma pessoa corajosa.

Explico. É preciso ter coragem para se submeter ao sacrifício. Principalmente, quando não se sabe quanto tempo durará a peleja.

É preciso ter coragem para se expor. A cada concurso que você faz, lá está o seu nome na primeira fase. Mas ninguém garante que estará na segunda, na terceira.... Enfim, você se expõe publicamente.

É preciso ter coragem para colocar a autoestima em prova. A cada concurso que você presta, você testa sua capacidade e isso repercute no juízo de valor que faz de si mesmo. «Afinal de contas, eu sou bom o suficiente para isso? Isso é para mim mesmo? Será que eu consigo?». Colocar a autoestima em prova requer coragem. Muita coragem.

Portanto, perceba como você é corajoso. Parabéns por isso!

Algumas pessoas vão dizer que não. Vão dizer que você optou pelo caminho do concurso por medo da instabilidade. Então, pergunte se elas teriam coragem de estudar 4 ou 5 anos por um cargo sem a certeza da aprovação? Vejamos quem é realmente o corajoso.

O mundo precisa de pessoas como você. Pessoas com ideais. E eu tenho certeza de que você, que será aprovado legitimamente, não irá sucumbir ante as corrupções do cotidiano. Certeza absoluta.

Mas eu quero lhe fazer algumas recomendações, dar-lhe alguns conselhos durante a caminhada até a aprovação.

Conselho número 1:

EVITE CERTAS PESSOAS...

Pessoas a se evitar.

Algumas pessoas fazem mal à saúde. Quatro delas, definitivamente, são nocivas. Elas deveriam andar com uma advertência do Ministério da Saúde: "a persistir a convivência, procure o médico". Ou melhor, o psicólogo, o psiquiatra e a benzedeira. Pessoas que colocam você pra baixo. Isso. Gente que pisa na sua autoestima. E olha que ela nem anda tão alta assim...

Chega de papo. Segue a lista destas quatro pessoas:

1. O concurseiro maníaco.

O cara fica das 07h às 22h45min na biblioteca. Você olha para ele e, realmente, acredita na vida após a morte. Ele está morto, mas esqueceram de enterrar. Cabelo bagunçado (de quem acordou e não tomou banho), óculos escorregando no nariz oleoso e um copo de 500 ml de café. Afaste-se. Ele é um perigo.

Um dia ele se aproxima. E você, achando que é a chance de conhecer o Eros Grau do futuro, resolve fazer amizade. O "defunto vivo" lhe conta que estuda 14 horas por dia. Nem precisava. Afirma que os concursos estão ficando impossíveis. Você concorda. E, pra terminar, o "concurseiro maníaco" lhe mostra, no iphone, as questões mais difíceis do concurso do MPF.

Nesse momento, você fica mais desesperado do que menino perdido no shopping sem a mãe. Na sua testa está escrito: SOCORRO.

Só faltou o seu novo "amigo" dizer: bem-vindo ao time. Que time? O dos "concurseiros maníacos". Como integrá-lo? Basta fazer as contas: "ele estuda 14 horas e acha que vai passar em 2 anos. Eu estudo 5 horas.... Então.... Meu pai! Vou vender água gelada no sinal!". Bom, a depender da temperatura dos últimos dias, pode ser um ótimo negócio.

2. O delegado com espírito de Miriam Leitão.

O sujeito pesquisa sua vida mais do que o Google. É obsessão. Só pode! Sai a lista de aprovados e, antes de procurar o nome dele, ele procura o seu. É paixão. É doentio!

Você conversa por 5 minutos com o rapaz e ele já incorpora o investigador. Começa o interrogatório (sem contraditório). Ele quer saber em quantos concursos você já passou na primeira fase. Se você trabalha. Quem o sustenta. Se você é casado, solteiro, "amigado" (pode ter rolado um interesse aí). Qual a próxima prova que você vai fazer.... Chega!

Esse monte de perguntas já incomoda. Mas o pior mesmo são os comentários. Baixa a Miriam Leitão no indivíduo e, a cada dado, ele solta uma frase sobre o impacto na sua "economia" e na sua "sociedade familiar".

Você diz que seus pais o sustentam. Ele solta: "eu entendo. Mas é difícil dar essa despesa pra família nessa idade". Você diz que nunca passou em uma primeira fase. Ele sussurra um "aí é complicado. Meu primo demorou 6 anos para passar na primeira etapa".

Aí, você conta que está solteiro. E ele vem com um "nesse momento, impossível namorar. Só quando passar. É seca mesmo!". Por fim, quando você diz que vai prestar magistratura do TJDFT, ele traz a cereja do bolo: "Você é doido? No último, só passaram 7! É perda de tempo e de dinheiro". Pronto. Nesse momento, você pega seus livros e vai embora. Sentindo-se como? Sentindo-se o David Luiz depois da derrota para Alemanha.

3. A tia conselheira.

Todo mundo tem uma tia assim. Alguém que é profissional em resolver o problema dos outros, mas não resolve os dela. Gente que ama você tanto que quer que você sonhe pequeno. Por quê? Porque, segundo ela, você vai sofrer.

Você vai a um almoço de família. O olhar da "tia conselheira" persegue a sua pessoa. Na hora da sobremesa, ela solta um: "come menos, querido(a), você tá bem gordinho(a)". Como essa frase gera ódio! Dá vontade de pegar aquela mesma faca que você está usando para cortar o bolo e mandar direto no.... Calma! Mas confesso: parece que você ganha 03 quilos naquele segundo. A frase é "engordativa". Eu cheguei a essa conclusão depois de anos de experiência.

Sobre concurso, ela acha que o certame de juiz termina em um mês. Só pode. Todo mês ela pergunta se você já passou. Explica para a infeliz que demora um ano. Fala para ela perguntar para você todo dia 31 de dezembro. Aí, se você não tiver passado, beba no réveillon e esqueça a pergunta maldita.

4. O amigo pessimista.

Duas verdades. Primeira: ele é seu amigo. Segunda: ele é mais pessimista do que o "concurseiro maníaco".

A diferença entre ele e "concurseiro maníaco" é simples: este acha que passa em 2 anos. Aquele tem certeza de que não vai passar nunca.

E seu amigo é convincente. Ele traz números. Quantidade de inscritos. Candidatos por vaga. Ponto de corte. Idade dos aprovados...

Uma dica? Apague esses números da mente. Eu nunca, mas NUNCA mesmo, olhei para isso. É bobagem. Não existe concorrência. É você contra você. Um dia você passa sem nunca ter se dado conta do número de inscritos. Sem saber quantos candidatos por vaga havia. Sem ter noção da idade média dos aprovados.

O que fazer em relação ao seu amigo? Encontre-o uma vez por mês até você passar. Nesse dia, prepare-se psicologicamente para o pessimismo. Faça diferente: seja tão otimista que ele se sentirá estimulado por você. Influencie. Não seja influenciado.

Por fim, hoje é domingo. É dia de conversar com um grande amigo: Jesus. Ele, sim, você não deve evitar.

Ótima semana para todos nós!

Conselho número 2:

ESCOLHA BEM SUAS COMPANHIAS.

Companhias

Todos temos as nossas. Aliás, somos produtos das nossas companhias.

Em alto e bom Shakespeare, "diga-me com quem tu andas e te direi quem és".

Com quem você tem andado? Quem são os seus conselheiros? Quais são os seus exemplos?

Não se engane. O seu estilo de vida e o seu sucesso profissional serão muito semelhantes aos daqueles com quem você convive.

É a química. É a fruta podre. É o vírus da gripe. É a lei da atração. Boêmios se atraem, preguiçosos se atraem, vencedores se atraem.

Com quem você anda?

Você nem gostava de comida japonesa. Mas, depois de cinco idas ao restaurante para "acompanhar a turma", você passou a gostar. E hoje? Hoje, você ama.

Você nem sabia o que eram os informativos do STF. Mas, depois de muitos amigos lendo-os, eles passaram a ser tão fundamentais quanto o café após o almoço. Por quê? Porque você foi influenciado.

Hoje é sexta-feira. Decida, neste final de semana, quem você quer ser daqui a 5 anos.

Reflita.

Passe a andar com pessoas que comungam do mesmo objetivo. Isso não significa abandonar amizades antigas. Pelo contrário. Isso significa fazer novas amizades. Gente que vai ajudá-lo. Gente que vai ser ajudada por você.

Concorrência? Bobagem. Pouquíssimas pessoas têm disciplina. A sua vitória é do tamanho da sua disciplina e do seu foco. E há um lugar reservado para cada um de nós.

E depois? Depois é só deixar o tempo e Deus fazerem a parte deles.

Afinal de contas, não existe melhor companhia do que a Divina.

Um final de semana em ótimas companhias para todos nós!

Conselho número três:

APAIXONE-SE E ESCOLHA A PAIXÃO.

"O coração tem razões que a própria razão desconhece"

Blaise Pascal.

Pense. Se o ser humano dorme 8 horas por dia, restam-lhe 16 em plena consciência. Se das 16 horas restantes, ele trabalha 8, isso significa que cinquenta por cento do seu tempo acordado é no trabalho. Não dá para ser 50% do tempo da vida infeliz. Não dá.

Você pode até não saber exatamente o que quer fazer. Mas, com certeza, sabe o que não quer. E não dá para continuar fazendo esse trabalho a contragosto durante a vida toda. Concorda? Concorde. E entenda: você precisa de um plano. Um plano de mudança de vida laboral. Para isso, permita-se o apaixonar-se e, uma vez apaixonado, tenha a coragem de escolher a paixão.

Há um desejo dentro de você, uma paixão em potencial que respira por aparelhos, um amor silenciado pelo medo que você tem de sofrer ao ouvir a sua voz. Há uma semente não regada.

Em um arroubo de ousadia, permita que esse desejo genuíno cresça. Dê alimento a essa paixão infante. Deixe o amor honesto (e não há amor desonesto) ganhar corpo.

Depois, sua decisão ficará muito mais simples de ser tomada.

Pois, se os meus olhos querem Julieta, eu desconheço Rosalina. E se a loucura, preconceituosamente chamada de exceção, é a regra, chamem-me de louco. Por quê? Porque a sanidade fria aborrece o coração. E eu escolhi "coracionar". A cada desafio da vida, resolvi dar-lhe uma inspiração, deixar-lhe um suor gentil e ofertar-lhe meu coração. Eu escolhi "coracionar" as circunstâncias.

Por quê? Porque quero meus 50% de vida de volta. Eu não vivo só depois das 19. Quero amor no labor. E, perdoem-me os gramáticos de plantão, mas a violação fonética é proposital. É que amor rima com labor. Mas labor também rima com a dor. E eu prefiro a primeira construção.

Quero um amor no trabalho o dia inteiro.

Uma recomendação? Ame o que você faz. Mas, se você não ama o que faz hoje, ainda há salvação. Descubra o que você ama. E depois? E depois, lute para fazer isso enquanto durar essa leve taquicardia.

Seguem dois textos:

Paixão

Apaixonar-se pelo Direito talvez seja a forma mais simples de superar esta fase passageira da vida de prestar concursos. Ter uma noção da ciência jurídica em geral lhe faz uma pessoa mais sensata, mais equilibrada. E o sofrimento momentâneo lhe faz uma pessoa mais humilde, mais humana, enfim, melhor.

Acredite, daqui a um tempo, você vai olhar para trás e perceber como tudo o que você passou foi fundamental para você ter se tornado quem você é.

A vida é um eterno semear e colher. Continue semeando...

Ser feliz é um estilo de vida, que não depende das circunstâncias experimentadas por cada um de nós. Há milionários que se suicidam e garis que cantam enquanto recolhem lixos pela madrugada...

Paixão. Saudades.

Saudades do tempo em que as pessoas se apaixonavam.

Assassinaram a paixão.

De tão machucadas, de tão feridas, de tão traídas, as pessoas decidiram não mais se apaixonar.

Falta paixão nos olhos, na vida, nas pessoas.... Falta paixão em tudo.

Falta paixão nos sonhos.

Apagaram sua paixão.

De tão machucado por aquele familiar, que, vendo você estudar, é capaz de dizer que você não faz nada, ou, pior, que, não vendo você estudar e nem convivendo com a sua pessoa, se sente apto a julgá-la, sua paixão se apagou.

De tão ferido pelas bancas examinadoras de concurso, que, campeãs da falta de noção, cobram temas inimagináveis e sem qualquer aplicabilidade no cotidiano da profissão, você se sente, por vezes, incapaz, quando incapazes são eles de perceber a atrocidade que cometem.

Onde está aquela paixão da faculdade? Onde está o ideal de ser juiz ou promotor? Lembra de quando você ficava se imaginando de toga ou fazendo um tribunal do júri? Em qual esquina a paixão foi assassinada? Ferida? Abandonada?

Hora de fazê-la nascer de novo.
Tenha paixão. Paixão pela vida. Paixão por vencer.
Um dia cheio de paixão para todos nós!

Conselho número quatro:

SONHE GRANDE.

Muitas pessoas recomendam que façamos planos a curto, médio e longo prazos. Eu concordo. Mas, antes da elaboração de um projeto, é preciso que cometamos um assassinato, celebremos um funeral e promovamos um enterro.

Há uma mediocridade que habita em cada um de nós. Uma espécie de pensamento mesquinho que se encontra arraigado em nosso ser desde os tempos da infância. É preciso matar a pequenez de raciocínio. É necessário destruir o famoso "pra mim, tá bom". Passar neste concurso? "Pra mim, tá bom". Casar com esta pessoa? "Pra mim, tá bom". Estudar nesta instituição? "Pra mim, tá bom". Não, não está nada bom. Faça um favor a si mesmo neste dia: mate a sua mentalidade medíocre.

Em seguida, faça um funeral. Relembre os momentos ruins que ela gerou em sua vida. Perceba como ela foi uma péssima companhia. Encerrado o funeral, promova o enterro dessa forma de pensar. Agora, sim! Você é livre.

Você é aquilo que acredita ser. Parece piegas, mas é verdade. Explico.

João imagina ter aptidão apenas para um concurso de nível médio. Ele busca e encontra explicações para esse pensamento. O rapaz vem de uma família humilde, estudou em escolas públicas, os pais não fizeram faculdade.... Pronto! Definido! João só tem condições de ser aprovado em um concurso de nível médio. Um dia, ele consegue aprovação. Pensando não poder ir além, ele não vai. Anos depois, sua teoria se mostra verídica: João exerceu, durante a vida toda, um cargo de nível médio. Mas por qual motivo? Pelo simples fato de que foi essa a sua crença. Percebe? Você é aquilo que você acha que você é.

Jorge Paulo Lemann, o homem mais rico do Brasil, da América do Sul e da Suíça (ele tem dupla nacionalidade), defende a seguinte máxima: "sonhar grande e sonhar pequeno dão o mesmo trabalho". E ele tem razão.

Pense no caso de João. Ele precisou ir à Biblioteca aos finais de semana para estudar. Abdicou de momentos com a família. Submeteu-se a um exame em plena tarde de domingo. Em síntese, João teve praticamente o mesmo trabalho de José, que decidiu prestar um concurso de nível superior. Houve diferença de sonhos, mas não de trabalho. Sonhar grande e sonhar pequeno exigiram o mesmo sacrifício.

Falamos sobre companhias. Se as pessoas que convivem com você têm uma mentalidade medíocre, a tendência é que você pense da mesma forma. Conclusão? Troque de companhias.

Mas, além disso, troque de mentalidade. Decrete a falência de sua pequenez de espírito.

Pense. Se você pudesse voltar cinco anos da sua vida e aconselhar a si mesmo, que conselhos você se daria? Pois então seja visionário: imagine-se daqui a cinco anos e aconselhe-se hoje.

Quem você quer ser daqui a cinco anos? Onde você quer estar? Qual será a sua profissão? Qual o seu projeto de família? Há um desejo de fazer mestrado? Enfim, gaste tempo pensando no seu futuro. Mas, antes desse exercício, lembre-se de matar a mediocridade. Por quê? Porque, agora, você vai sonhar grande.

Ruy Barbosa, Miguel Reale e Pontes de Miranda fizeram história no Direito brasileiro. Mas, naturalmente, o tempo deles passou e é preciso que surjam novos Barbosas, Reales e Mirandas. Você pode ser um deles. Nas palavras do próprio Ruy, "se querer é poder, querer é vencer". Vença, inclusive os obstáculos que você mesmo criou. Vença.

Conselho número cinco:

SEJA DISCRETO.

"Se o falar vale prata, o calar vale ouro".

Seja um estrategista. Palavras podem derrubar um projeto ou permitir que ele seja concretizado com excelência.

Não se apresse em tornar públicos seus sonhos. O mundo quer saber quais são os seus resultados. Os seus sonhos, guarde-os para si.

Muito do sofrimento do personagem bíblico conhecido como "José do Egito" foi causado pela explicitação de seus sonhos. Quando você conta um sonho a alguém, essa pessoa pode torcer e trabalhar contra a sua evolução. Portanto, sigilo.

Seguem dois textos:

Palavras

Maquiavel, em seu conselho ao príncipe, diz que o homem deve ser íntimo de, no máximo, duas pessoas. Somente a elas contar os detalhes de seus planos, de seus sonhos, de suas fraquezas.

Davi, no Salmo 141, pede a Deus que guarde os seus lábios, com a finalidade de não falar o que não deveria.

Quando a gente estuda para concurso, é natural que as pessoas saibam disso. É comum que saibam qual a carreira almejada por nós e é desejável que alguns amigos sonhem conosco.... Até aí, tudo bem...

O problema está nos detalhes. O erro está em contar a todos que lhe perguntam que você estuda para concurso, que você quer passar naquele determinado tribunal, que você estabeleceu uma meta de 2 anos, que sua família o apoia financeiramente, que...

Chega! Preserve-se um pouco mais!

Nesta fase da vida, ficamos muito vulneráveis, estamos com a autoestima bem frágil.

Se você sair contando ao mundo inteiro seus planos, as pessoas vão se achar no direito de lhe dar conselhos. E palavras são capazes de causar ferimentos inimagináveis e catástrofes incalculáveis.

Uma frase infeliz pela manhã e lá se foi seu dia de estudo.... Uma mensagem depois do almoço e adeus concentração no resto da tarde...

Fosse só isso tudo bem. Ainda existe o conselheiro pessimista. E acredite: pessimismo é contagioso. Se você der ouvidos a um pessimista convincente, adeus sonhos grandes. Pessoas negativas fixam metas medíocres e tentam convencer seus pares a fazer o mesmo. Não faça!

Se você sempre sonhou em ser juiz, assessoria não é o seu lugar para sempre! Não tente se convencer do contrário! Se quer ser promotor, seu cargo atual é PASSAGEIRO. Você está ______. Mas você SERÁ promotor. Deixe isso claro na sua mente.

Ouça pessoas que você admira e que lhe querem bem. Um bom conselho pode lhe poupar muito tempo, muito esforço, e levá-lo para muito mais longe.

Há quem diga que o segredo do sucesso é o sigilo. Não sei se a frase é inteiramente correta. Mas, com certeza, não é o falar demais que lhe faz crescer.

Nesse começo de semana, escolha bem seus conselheiros, seus confidentes.

Quer um conselho? Tenha disciplina. Pouquíssima gente tem. Já é um grande diferencial.

Mãos à obra que o sonho é seu! Intervenção de terceiros, só no processo civil!

Continue caminhando. Cada dia mais próximos.

José. Sonhos. Lições. Você.

José teve um sonho: ser líder entre os seus. E ele se tornou governador do Egito. Mas, entre o sonho e a liderança, muita coisa aconteceu.

Ele foi traído.

José contou o seu sonho. E, por isso, seus irmãos o venderam como escravo. Por inveja, disseram que ele havia morrido.

Lição 1:
tenha cuidado ao compartilhar os seus sonhos.

Ele foi escravo.

Vendido como escravo, José entendeu sua posição naquele momento. Foi o melhor que poderia ser. O seu crescimento profissional dependia da sua dedicação.

Lição 2:
dedicação é fundamental para o sucesso profissional.

Ele foi preso.

A mulher de seu senhor Potifar queria que José fosse seu amante. Ele não negociou valores. Isso custou sua liberdade por um tempo. Um dia, ele colheu os frutos.

Lição 3:
não negocie valores. Um dia, você vai viver a lei da semeadura. Você vai colher exatamente o que tiver plantado.

Ele entendeu o sonho do Faraó.

José soube discernir o sonho de alguém. E por ter essa sensibilidade se tornou governador.

Lição 4:
um líder tem que compreender o sonho das outras pessoas. Um juiz tem que entender que decide o futuro de alguém. Tem que entender que pode privar a mãe do sonho de educar o filho, o jovem do sonho de ingressar na faculdade ou a empresa do sonho de se recuperar. Ele pode até promover estas privações, desde que justamente.

E você?

Para quem você tem contado os seus sonhos? Qual a sua dedicação para o seu crescimento profissional? Quais os seus valores? Você compreende os sonhos da nossa geração?

José, um exemplo. Você também pode ser um.

Um dia cheio de lições para todos nós!

Conselho número seis:

NUNCA PARE DE CRESCER.

Em algum momento da vida, você terá alcançado uma posição confortável. Algo que julgue satisfatório. Você colherá os frutos de anos de semeadura, uma espécie de recompensa pelo trabalho até aqui exercido. Parabéns!

Um dia, você será aprovado no concurso de juiz, promotor ou defensor. Um dia, sua empresa será próspera. Um dia, você terá educado os seus filhos. Congratulações!

Mas, e agora?

Vencer é bom, mas vitória é chegada. Desfrutar o título é uma benção, mas.... Mas a vida exige novos desafios. Caso contrário, após vencer, o homem retira uma senha na fila da morte e aguarda ser chamado. Falta sentido existencial para quem não tem um desafio, uma missão, um novo objetivo de vida.

Há juízes que pararam no tempo. Passaram no concurso e pararam os estudos. Vinte anos depois, você os encontra desanimados, desatualizados e desesperados pela aposentadoria. Por quê? Porque o tédio da mesmice fez o cotidiano perder o sentido.

Mas há juízes a frente do seu tempo. Eles passaram no concurso e intensificaram os estudos. Fizeram mestrado, doutorado e escreveram obras. Assumiram a liderança de um projeto importante em seus tribunais e hoje coordenam estudos na universidade em que lecionam. Quando você os encontra, vinte anos após a posse, eles estão vigorosos, têm aversão à palavra aposentadoria e guardam mais uns cinco projetos no coração.

Perceba que a primeira classe de magistrados perdeu o gosto pela vida e a segunda possui a força da juventude. Por quê? Porque os últimos nunca pararam de crescer. Eles possuem sonhos jovens no peito, que exigem disposição de um "menino" para a batalha. Os primeiros gozaram o prazer da conquista, mas pensaram que Roma era a sala de audiência, quando Roma continua exigindo todos os caminhos, como sempre exigiu.

Há empresários que agem da mesma forma. A empresa atinge um bom patamar e eles estão satisfeitos. Não procuram progredir. Não aderem a novas tecnologias. Consequência? Um dia, o novo chega e ocupa aquele lugar vazio. O novo empresário vem com gosto pela mudança, pelo desafio, pelo crescimento ininterrupto. E aí? E aí, que o primeiro vai ficando cada vez menor, até fechar as portas. Por quê? Porque ele não seguiu uma simples recomendação: nunca pare de crescer.

E na família? Depois de educar os filhos, o que devemos fazer? Devemos ajudar na educação dos netos. Devemos nos aprimorar em sabedoria para aconselharmos os filhos. Devemos ser referência para as gerações que nos sucedem. Em outras palavras, devemos crescer, de diferentes maneiras, mas devemos crescer.

Recomendo a você que não se iluda. Por maior que você seja, por maior que seja a posição que você alcançou, o mundo exigirá mais. E, se você não continuar nesse progresso, nessa evolução, o arrependimento é inevitável. Você desejará voltar no tempo. Mas lembre-se: o tempo não volta.

Caminhar é trabalhoso. Mas ficar parado é regredir. Por quê? Porque o mundo não para. Prossiga insistentemente. Barreiras foram feitas para serem superadas. Por quem? Pelos persistentes. Seja um deles.

Conselho número sete:

TENHA DISCIPLINA.

Grandes feitos são uma espécie de maratona. Não são tiros de 100 metros, corridas de 5 quilômetros ou alguma meia-maratona. São 42 quilômetros mesmo.

Mas o que isso quer dizer? Quer dizer que, para realizar seus projetos, você terá que ajustar sua velocidade, terá que aceitar que o desafio exigirá um bom tempo e terá que ser maior do que locais íngremes existentes no caminho.

A disciplina é uma espécie de medidor. Ela mede o nível do comprometimento que você tem com seu projeto de vida. Quanto maior o nível de comprometimento, maior a disciplina.

Por isso a importância de se estabelecer um ritmo de vida que permita a você ter disciplina continuamente. Não se percorre o caminho à magistratura em dois meses, não se funda uma AMBEV em uma semana e não se constrói cumplicidade verdadeira em um dia. Grandes relações e grandes realizações demandam tempo.

Ouço falar que há pessoas que estudam 14 horas líquidas por dia. Minha opinião? Se isso não for mentira, com certeza, não é saudável, nem sustentável. A vida é dividida em áreas, como as áreas espiritual, sentimental, financeira, familiar e profissional. Quem dedica 14 horas do dia a uma delas, no caso, à profissional, destrói outras por inanição. Deixa de alimentar por completo uma ou algumas áreas da vida.

Consequência? Ele pode até passar no concurso, mas, antes, arruína o casamento, perde as amizades e consuma todas as suas finanças sem qualquer planejamento. Enfim, em busca de uma vitória em uma área da vida, o desequilibrado sofre derrotas em todas as outras. Chame isso de qualquer coisa, menos de sabedoria.

> **Lição número 15:**
> *A disciplina e o equilíbrio são irmãos siameses. Separá-los é, na maioria das vezes, condenar um deles à morte, quando não os dois. Tenha disciplina e equilíbrio ao mesmo tempo.*

Depois de estabelecer um objetivo e de elaborar um plano, é hora de executá-lo. Neste momento, a disciplina começa a ser exigida. Disciplina durante um mês é fácil. Durante dois meses, também não é difícil. A dificuldade começa no terceiro mês. Por quê? Porque você ainda está longe do resultado e começa a sentir o cansaço da rotina. Há uma sensação de não progresso que se instala em você. Aos seus olhos, não há evolução suficiente e você já está esgotando sua bateria. A vida, antes do projeto, parecia melhor, mais feliz. Mas voltar é impossível agora.

Quando surge em nosso coração uma semente, temos duas opções: semeá-la ou ignorá-la. Se a ignoramos, a semente continua lá, ocupando um lugar no nosso coração. Em alguns momentos da vida, você se lembrará daquele sonho, você imaginará como seria a vida se ele tivesse se realizado, como sua história poderia ter sido diferente. Há, em quem ignora a semente do sonho, uma frustração antecipada. O aborto do sonho gera, inevitavelmente, traumas em quem aborta. Por isso, uma vez presente a semente é impossível voltar à vida antes do projeto.

Se você desistir, um dia, você perceberá que pessoas com menores possibilidades e potencialidades chegaram muito mais longe do que você. Por quê? Porque elas tiveram disciplina.

Mas a disciplina exige autoconhecimento, franqueza e disposição ao sacrifício. A falta de qualquer desses ingredientes macula o anseio por um comportamento perene.

Autoconhecimento é, no caso dos estudos, conhecer as suas limitações. Saber se você tem um melhor desempenho durante a noite ou durante o dia, por exemplo, é fundamental no momento de estabelecer sua grade horária diária. Descrever quais são as matérias em que você tem maior dificuldade e eleger as que você mais gosta são outras duas atitudes necessárias no momento de elaboração do seu programa. Explico.

Para se manter disciplinado, o aluno não pode destinar todo o período do seu dia a uma matéria da qual não gosta. O estudo será demasiadamente penoso e, após algum tempo, inviável. Destinar quatro horas diárias para direito tributário, no meu caso, por exemplo, seria condenar minha disciplina à morte. Portanto, é preciso mesclar, ao longo do dia, matérias das quais gostamos com outras com as quais temos menor afinidade.

Sugiro que você inicie seus estudos diários pelo ramo do Direito que menos domina. A capacidade de absorção e de retenção do absorvido pela mente "descansada" é muito maior. Além disso, geralmente não gostamos daquilo que não dominamos e, assim, é melhor começar por essas matérias.

Após horas de estudo, ler a Lei que institui a Política Nacional de Recursos Hídricos parece ofender a integridade psíquica do estudante, o que gera "dano moral". Brincadeiras à parte, deixe o que você mais gosta por último. À medida que estudar for ficando "mais pesado", as matérias vão ficando "mais leves". Ser disciplinado é muito mais fácil assim.

Mas a disciplina também exige franqueza. Franqueza é entender a realidade que o circunda sem desprezar fatores importantes para a sua vida. Quem trabalha, tem filhos e tem uma casa para administrar não possui o mesmo tempo disponível que um estudante que mora com os pais. Por isso, não adianta o primeiro querer estabelecer a mesma carga horária do segundo. Isso não é sustentável. A falta de equilíbrio conduzirá à morte da disciplina. Mas o que faltou no momento de fixação da carga horária destinada aos estudos? Faltou franqueza.

Pessoas são aprovadas no concurso da magistratura, por exemplo, estudando 4 horas ou 8 horas por dia. O que muda? Muda a bibliografia destinada a cada uma desses estudantes, muda o tempo necessário para a aprovação, muda a carga de estudos aos finais de semana. E o que não muda? Ambos podem ser aprovados.

No final das contas, a otimização do tempo é um cálculo matemático. Por exemplo: se João destina 4 horas diárias aos estudos e lê 12,5 páginas por hora, João lê 50 páginas por dia. Em 5 dias da semana, o estudante lê 250 páginas. Caso João eleja um livro de Direito Constitucional com 2 mil páginas, ele destinará 8 semanas para terminar a obra, ou seja, aproximadamente 2 meses. Só que João tem mais 12 obras, pelo menos, a enfrentar. E agora? E agora, sendo otimista, ele levará 1 ou 2 anos para concluí-las, caso persista adotando obras extensas.

O tempo é nosso maior capital. Empregá-lo adequadamente pode não ser o suficiente para o sucesso. Mas empregá-lo inadequadamente, com certeza, é suficiente para o fracasso.

As obras maiores, no caso de quem presta concurso, devem ser destinadas às pessoas que possuem maior disponibilidade de tempo diário para os estudos. É uma questão de estratégia. Fugir disso é fugir da realidade, ou seja, falta franqueza.

Por fim, além do autoconhecimento e da franqueza, é preciso estar disposto ao sacrifício. Por quê? Porque você sairá da sua zona de conforto. O estudante terá que abrir mão de eventos, de algumas viagens, de momentos de lazer com a família. Quem escolhe o caminho do concurso público renuncia a diversos outros caminhos até a aprovação. Isso é sacrifício. Mas, desde que seja razoável, não há qualquer problema em se sacrificar. Pelo contrário, sacrifício é sinal de amor pelo seu projeto. Sem sacrifício não há amor. E amar é agir. Segue texto que escrevi:

O amor

Amar é agir. Qualquer coisa diferente disso não é amor. Falar de amor é descrever... Gestos.

Amor é o pai que carrega o filho nas costas a caminho da escola. E, anos mais tarde, amor é o filho que carrega o pai no colo a caminho do hospital.

Amor é a flor entregue sem motivo em plena quarta-feira. E carros, joias e viagens mais tarde, o amor continua sendo a flor entregue sem motivo em plena quarta-feira.

O amor não evita o cansaço. Ele evita a descrença. É muito diferente. Quem passa a noite com o filho no hospital, sai de lá cansado. Mas, ainda assim, sai de lá crendo na cura. O amor é otimista.

O amor não dispensa as lágrimas. E, ao amor, pouco importa se elas provêm de tristeza ou de alegria. Ao amor, interessa apenas que elas sejam honestas. Se não forem honestas, não é amor.

Amor é, depois de ter sido reprovado doze vezes no mesmo concurso, prestar mais um. Por quê? Porque ser juiz não é status. É missão. E missão dada é missão cumprida.

O amor é sacrificante. O maior sinal de amor foi um sacrifício. Um sacrifício feito há uns dois mil anos. Se não há sacrifício, não é amor.

O amor torna tudo pequeno. Tudo superável. O amor é, na maioria dos casos, a única chave da superação.

É por amor que a mulher perdoa o marido pela milésima vez. E é por ter acabado o amor que ela põe fim ao casamento. O divórcio não acaba com o casamento. Ele é apenas a certidão de óbito de um casamento que morreu há tempos.

O amor é um mágico. O amor transforma a ofensa em combustível. Transforma o estudo em prazer. Transforma a provação em estilingue, que vai levar você para muito mais longe.

O amor transforma você em um vencedor. Não pela vaidade de vencer. Mas porque vencer faz parte de toda história de amor. Um dia cheio de amor para todos nós.

Portanto, seja disciplinado, sem abrir mão do seu equilíbrio, mas com a ciência de que é necessário que você tenha autoconhecimento, franqueza e disposição ao sacrifício.

Conselho número oito:

SEJA FLEXÍVEL E PREOCUPE-SE APENAS EM SUBIR AS ESCADAS.

Por mais que você planeje, a vida ganhará novos rumos. As circunstâncias mudam, os projetos precisam ser adaptados e outras prioridades surgem.

Mesmo em nossas programações diárias, os planos não saem exatamente como projetados.

Você organiza seus estudos para depois do trabalho e, de repente, "cai" em um engarrafamento. Lá se vão 2 horas. Jura que vai começar a estudar na segunda-feira, mas, bem na segunda-feira, seu filho acorda doente. Promete não levar trabalho para casa, só que, na semana seguinte, seu chefe estabelece uma meta especial para o mês. Mas você não planejou? Sim, você até planejou, só que as circunstâncias mudaram.

O que fazer quando as circunstâncias mudarem? Adapte-se. Ficou no engarrafamento? Estude até mais tarde hoje ou acorde um pouco mais cedo amanhã. O filho ficou doente? Leve seu filho e leve seu livro de exercícios à clínica. Enquanto vocês aguardam a consulta, resolva questões comentadas. E, no caso do trabalho, estabeleça rigorosamente o tempo do final de semana que você destinará ao serviço. Depois, volte ao plano. Em resumo, seja flexível, mas não perca o foco. As circunstâncias mudam, mas você precisa ser maior do que as circunstâncias.

Porém, até aqui, os exemplos foram de pequenas alterações no planejamento diário. A longo prazo, as circunstâncias mudam substancialmente e nós precisamos nos adaptar com maior habilidade.

Você decide estudar. Abre mão de uma função comissionada e retorna ao seu cargo de origem. O subsídio é menor, mas você terá mais tempo para estudar. Só que, após alguns meses, sua mulher fica grávida. Isso mesmo: grávida. Vocês terão que fazer um quarto de bebê, terão gastos com a gestação e experimentarão o incremento natural das despesas com o novo infante. A família aumentou. Que bom! Para sua sorte, o convite para retornar à antiga função ainda está em aberto. Você não vislumbra outra saída. Será necessário retornar. E agora? Fim do sonho da magistratura? Claro que não. Agora, você vai ter que ser mais habilidoso na arte de se adaptar.

Talvez seja o caso de dormir uma hora a menos por dia e/ou estudar mais aos finais de semana. Você pode adotar livros um pouco mais resumidos e intensificar a resolução de questões. Tirar férias perto da prova e destinar o último mês antes do certame aos estudos também é uma ideia. Conclusão? Ainda, que as circunstâncias mudem, seu foco não pode mudar. Desistir? Não cogite.

Mas a vida pode conduzi-lo a uma outra posição, a um outro local, a uma outra função. Só que isso é muito diferente de desistir.

Paulistas são aprovados no concurso da magistratura do Paraná e paranaenses são aprovados no concurso da magistratura de São Paulo. Ironia. Estudantes focados no concurso da magistratura são aprovados no concurso do ministério público, e vice-versa. Acontece. E o que é isso? Desistência? Não. Isto é a vida conduzindo as pessoas para os seus destinos. Sinal de que você pode ficar em casa deitado, esperando o destino fazer seu papel? Claro que não! Sinal de que você deve se empenhar para subir as escadas, mas sem perder a consciência de que, no andar de cima, uma das portas irá se abrir, não necessariamente a que você imagina.

Em resumo: subir as escadas é com você. A escolha da porta no andar de cima é com o destino.

Quem acredita em Deus, como eu, chama o "destino" de vontade divina. Abaixo segue texto que escrevi:

O seu papel e o papel de Deus

Vivemos papéis invertidos. Eu sei, parece impossível. Mas, na peça chamada vida, em um instante de engano, usurpamos mentalmente um trono. E supomos que o Rei, agora, é servo.

Queremos vitórias. Maravilha! João quer um emprego. José, a aprovação no vestibular. E Carla, perder peso.

Todos fazem suas preces, o que é bom. Todos têm certeza de sua vitória, o que é fé. Todos sentem-se Deuses, o que é ilusão. Só que ninguém percebe isso.

Em nome de uma suposta fé, pessoas esperam Deus fazer o trabalho, enquanto elas aguardam, ao final, Ele lhes dar toda honra e toda glória. Mas não seria o inverso?

Se você tem fé, presumo que creia que Deus lhe deu força, inteligência e capacidade. Use-as. Caso contrário, para quê mesmo o Divino lhe daria esses atributos?

Salomão, em provérbios, manda você semear de manhã e de tarde, já que não sabe qual das sementes prosperará. Isso é falta de fé? Não, isso é falta de preguiça mesmo. E sobra de prudência.

Conscientes ou não, foram isso que fizeram Ariano Suassuna, Antônio Ermírio de Moraes e Jorge Paulo Lemann. Gente que abomina a preguiça.

Se você quer um trabalho, qualifique-se e bata em várias portas. Você não sabe qual vai se abrir. Se quer passar em um concurso, estude e preste em vários lugares. Não dependa de apenas uma carta. Se deseja emagrecer, mude a alimentação e faça exercícios regularmente. As duas condutas somadas são fundamentais. Em outras palavras, faça a sua parte.

Por fim, o livro de Deuteronômio ensina que, quando vencer, não deve o homem dizer que venceu pela força do seu braço, mas pela força que o Senhor colocou em seu braço. E isso se chama coerência e humildade. Até porque o sucesso não muda ninguém, apenas mostra o ser que estava escondido nos tempos difíceis. Bom dia! Vença com fé.

Conselho número nove:

SEJA LEVE CONSIGO MESMO. ACEITE: VOCÊ É HUMANO.

É humano. É falho. É melhor que seja assim.

Tudo bem. Seu projeto pode não sair exatamente como previsto. Pode demorar mais.

Aliás, seu projeto pode levá-lo a um lugar bem diferente do que você traçou.

Você já deve ter ouvido falar de alguém que estava estudando há anos para promotor e nunca tinha passado. E, na primeira vez que prestou para juiz, passou.

Como isso se chama? Sorte? Acidente? Nada... Isso se chama destino mesmo, ou melhor, "maktub": estava escrito.

Destino é o lugar reservado para você. Talvez você nem conheça o seu. Dá vontade de saber, não é? E se soubesse? Seria tão sem graça...

Já pensou se você soubesse com quem iria se casar desde os 5 anos? Iria passar a adolescência e a juventude toda sem namorar ou namorando com data de validade. Matando amores recém-nascidos só porque saberia que a morte os esperava um dia. Que sem graça.... Que sem emoção.... Que sem vida...

O bom mesmo é se apaixonar! Chorar como se fosse o último e estremecer como se o próximo fosse o primeiro.

Bom mesmo é mergulhar de cabeça no sentimento! De cabeça! Ou melhor, usando a cabeça! Pelo menos, minimamente! Essa história de que os opostos se atraem só serve na física. E eu, particularmente, prefiro a química: "semelhante dissolve semelhante". Entre as pessoas que se parecem com você, uma é o seu "destino".

E no concurso? Vale a mesma lógica. Você não consegue saber se vai ser juiz no Acre ou no Rio Grande do Sul. Talvez nem saiba se nasceu para ser juiz, procurador, promotor.... Mas, se você ama o Direito, entre de cabeça neste mundo. De cabeça! Entenda: você não nasceu para ser vendedor, comerciante ou economista. Lembra? "Semelhante dissolve semelhante", ou seja, é dentro do Direito que você vai encontrar o seu "destino".

E o projeto? Melhor jogar fora? Claro que não. Planejamento é fundamental. Só não faz plano o tolo. Mas acredite: o destino vai pegar o seu plano e colocar nas linhas certas.

Confie em Deus e faça a sua parte.

Quando Jesus ressuscitou Lázaro, ele determinou que, primeiro, os homens tirassem a pedra para que, depois, ele chamasse Lázaro para fora. Tirar a pedra o homem consegue. Já o milagre da ressurreição é com Deus.

Tire as pedras do seu caminho e deixe Deus fazer o milagre em sua vida.

Uma semana cheia de "destino" para todos nós!

Conselho número dez:

PARE DE CAVAR

Às vezes, estamos perdidos. Não sabemos se estamos na direção certa, se adotamos o método correto de estudo, se experimentamos alguma evolução. Nesse momento, devemos refletir, procurar nos certificar do acerto do nosso proceder e reconquistar nossa autoconfiança.

Outras vezes, estamos errados. Talvez não saibamos qual o caminho certo, mas temos a certeza de que o nosso caminho está incorreto. Nosso método de estudo, indubitavelmente, tem nos causado prejuízo. O nosso estilo de vida tem prejudicado nosso planejamento, nossa disciplina e, consequentemente, tem roubado nossa paz.

Se você chegar à conclusão de que seu modo de levar a vida tem inserido você em um buraco, pare de cavar! Essa é a recomendação de Samuel Vieira, que adiciono às minhas. E essa recomendação vale para todas as áreas da vida.

Pessoas precisam cuidar da saúde, mas continuam sedentárias. Casais percebem a decadência da cumplicidade e persistem calados. Estudantes deixam de cumprir o plano de estudos há semanas e não enfrentam a questão da falta de disciplina.

O fato de você negligenciar a realidade não a desconstitui. Ela continua lá. O problema persiste. Muito provavelmente, em razão da sua falta de cuidado, ele se tornará maior e, consequentemente, mais difícil de resolver.

O problema negligenciado a médio ou longo prazo significa morte. Uma coisa é ser sedentário durante 1 mês, outra durante 10 anos. Um acontecimento é o casal ficar sem conversar durante uma semana, outro durante seis meses. Uma coisa é não estudar bem durante um mês, outra é não estudar adequadamente durante cinco anos. Nos casos citados, há três mortes, respectivamente: a morte da vida humana, a morte do casamento, a morte do sonho da aprovação.

Reflita se você não anda cavando buracos nas mais diversas áreas da sua vida. Se estiver, faça este favor a você mesmo: pare de cavar.

Último conselho:

SORRIA, VOCÊ ESTÁ VIVO

Daqui a 100 anos, nenhum de nós estará aqui. Em verdade, tudo passará. E a morte, socialista por essência, há de distribuir igualmente seus procedimentos sobre todos os mortais. Em palavras mais simples, a vida é passageira.

Antes de você, viveram gênios. E morreram gênios. O que eles deixaram? Deixaram suas genialidades. Da Vinci, Shakespeare e Newton. Einstein, Machado de Assis e Steve Jobs. Ruy Barbosa, Pontes de Miranda e Miguel Reale.

A morte é cega. E, a fim de cumprir seu designío, ela não faz distinções físicas. Leva pais e filhos. Leva idosos ao final da vida e crianças recém-nascidas. Leva ricos e pobres. Leva opressores e oprimidos.

Onde estão os imperadores? Políticos que marcaram história neste país? Empreendedores que desbravaram nosso interior? Todos passaram.

A concepção de que a vida é passageira deve deixar você um pouco mais feliz. A vida passa, mas ainda não passou para você. Portanto, sorria. Há mais mortos do que vivos e isso quer dizer que você faz parte de uma minoria privilegiada. Você abre os olhos e vê e fecha os olhos e se vê.

Não se esqueça nunca da virgindade do dia que se inicia, do mês que começa, do ano que se abre.

Não destine seu tempo, maior capital que você e eu possuímos, ao sacrifício inócuo, ao pelejar sem propósito.

O propósito da sua vida não pode ser agradar ao outro, em prejuízo de suas próprias concepções de certo e errado. Se você vive em função de agradar uma sociedade doente, em verdade, a vida não é sua. E, mais doente do que a própria sociedade, é você, que trocou a vida própria pela vida alheia. Uma vida vendida. Uma vida alienada.

Recupere seu gosto pela sua existência. Viva em função de ajudar os outros, sim, mas porque fazer o bem ao outro é, em primeiro lugar, fazer o bem a si mesmo. Você se sente feliz quando gera felicidade em outrem. Como ensina Shakespeare, em "O Mercador de Veneza", o perdão é dupla benção: abençoa o perdoado, que se sente livre, e abençoa quem perdoa, que se sente melhor.

A consciência da transitoriedade da vida terrena deve fazer de você uma pessoa menos vulnerável às circunstâncias e mais comprometida com seus princípios. Afinal de contas, seus princípios são seus valores de vida ou, em outras palavras, são quem você decidiu ser. E "ser" sempre valerá mais a pena do que "parecer ser".

Os gênios, os medíocres, os poderosos, os humildes, os trabalhadores e os preguiçosos de 100 anos atrás, todos foram. Não são mais. Você é. Você, ainda, é. Portanto, concluo a obra com um simples conselho: sorria, você está vivo.

CRÔNICAS

(#focanatoga e #focanatoga2)

1

O que a gente quer...

O que a gente quer é que você continue.

Que a mesa fria da biblioteca não consiga esfriar esse desejo intenso.

Que os ventos de cada dia não sejam capazes de apagar a chama desse sonho.

E que o resultado negativo seja só degrau dessa escada de vitórias que é a sua vida.

O que a gente quer...

O que a gente quer é que você entenda.

Entenda que a vida é toda de montanhas. E que, se você não tiver coragem de subir essa montanha aí, vai continuar no vale.

Que, se não perdoar, vai continuar sofrendo. E que, se não pedir perdão, vai continuar sozinho.

Que, se não correr e não comer direito, vai continuar gordo. E que, se não rir dessa sua "gordurinha", vai continuar triste.

Que, se não estudar, vai continuar concursando. E que se não for alegre antes de passar, vai continuar infeliz depois da posse. Porque cargo é algo externo e felicidade interno. Acredite. Você vai se acostumar à nova posição e vai voltar a ter os sentimentos que tinha antes.

O que a gente quer é que você sente essa bunda (mesmo que ela esteja mole... Rs) na cadeira e estude! Mas que a bunda na cadeira não impeça a sua mente de estar nas alturas, no lugar em que você estará daqui a alguns dias.

Opte por ser um sonhador.

Eu nunca conheci alguém que tenha chegado longe sem sonhar alto. Coincidência? Que seja! Seja mais um desses "sortudos" então...

Bom dia! Continue caminhando.
Cada dia mais próximos.

2

Medo. Tristeza. Sofrimento.

Medo.

Medo a gente sente a vida inteira. No caso de quem presta concurso, a gente tem medo antes da prova, medo de errar durante a prova, medo antes da sessão pública de divulgação dos resultados da prova. E depois? Medo de presidir a primeira audiência e ser um fiasco, medo quando toca o telefone e alguém lhe diz: "É lá da corregedoria..." (Isso dá medo!).

Tudo bem, mas e agora? Agora a gente vai com medo mesmo... E não dá pra ter medo de tudo! Medo de tudo é atestado de falta de autoestima. É muita pouca fé em você e em Deus.

Tristeza.

Ninguém está imune. Você acorda cantando Bruno e Marrone e alguém liga para você com "aquela notícia"... Você compra chocolates para sua namorada e ela... ela pede um tempo. Você acha que arrebentou na prova, mas descobre que foi arrebentado. Esperava um 8,0, mas veio um 4,2. Já aconteceu comigo...

Mas tristeza tem que ter motivo! E tem que ser passageira! Coisa de um dia, uma semana.... Perder tem que servir para reflexão, para crescimento. Tristeza sem motivo tem outro nome: depressão. Aí, é melhor procurar o médico, o psicólogo, o pastor, o padre, o amigo...

Chega de tristeza! Acredite: a vida é um espelho: ela sorri para quem lhe sorri.

Sofrimento.

Também é inevitável. Também tem que ter motivo. Mas também ter que ser algo posterior ao acontecimento. Sofrer por antecipação é o remédio dos pessimistas, que acham que assim evitam abalos. Já se jogam no fundo do poço para evitar quedas.

Concordo que, estando no fundo do poço, dificilmente você vai conseguir se abaixar mais. Mas então você vai viver no fundo do poço para não ter a sensação de cair? Vamos! Saia do fundo do poço.

No nosso caso, pule do fundo do poço, agarre seu Vade Mecum, seu resumo, seu caderno de exercícios! Apaixone-se pela Regina Helena Costa. Tenha um caso com a Maria Helena Diniz. Seja amigo íntimo do Rogério Sanches. E o Flávio... Que Flávio? O Flávio Tartuce! Ah, esse aí, só deixe em casa depois da posse...

Boa semana!

Continue caminhando. Cada dia mais próximos.

3

A vida requer equilíbrio

"A justiça está no meio termo".

Posturas extremas somente nos afastam. Afastam-nos das outras pessoas, afastam-nos de quem nós somos de verdade, afastam-nos dos nossos maiores projetos, do melhor que a vida nos reservou.

Vejo centenas de pessoas que decidem estudar para concurso e que adotam um comportamento equivocado. Eu vejo centenas, mas são milhares. Rapidamente, estas pessoas destinam 10, 11 ou 12 horas por dia para isso. Esquecem-se de que precisam comer, conversar, exercitar-se.... Esquecem-se de que o concurso é para a vida e não a vida para o concurso.

Imaginam que, assim, a aprovação virá a jato. Só que, na maioria dos casos, ela vem a pé. A estrada é longa. O suor é muito. E ninguém aguenta correr uma maratona com a velocidade de um tiro de 100 metros.

Depois de algum tempo (1 mês, 3 meses ou 6 meses), eu encontro essas mesmas pessoas desmotivadas. Algumas desoladas. Perderam o ar, o que é natural. Abandonaram os estudos, o que é consequência. Sentem-se perdidas, o que é, inegavelmente, triste.

Há, entre elas, quem decida tentar a advocacia. Não por vocação, mas por constrangimento. Outras saem pelas portas dos fundos do Direito e ingressam em outro ramo. Fosse isso por amor, ótimo! Mas é por frustração, o que é péssimo. Imaginam que as estradas existentes nas outras ciências sejam mais simples, menos áridas, enfim, retilíneas. Enganam-se.

Na verdade, hoje em dia, vivemos o terrorismo dos concursos públicos. Acreditamos ser algo praticamente impossível. Rotulamos duas espécies de candidatos. Os gênios, que são aprovados. E os burros, que não passam. Só que ninguém se lembra de que os "gênios" deste concurso, foram os "burros" de muitos outros. Chega de terrorismo!

Entenda: em um concurso em que são aprovadas 40 pessoas, talvez uma seja genial. Apenas uma! As outras 39 são pessoas normais, que estudaram muito tempo, que foram reprovadas em outros 10 exames, mas que passaram neste. E, no final das contas, a gente precisa passar em quantos concursos mesmo? Em um. Somente em um.

Estude de forma disciplinada. Se são 5 horas por dia, ótimo! Cumpra o seu programa. Sempre. Seja fiel aos seus sonhos. Seja fiel a você mesmo. Quanto a Deus, não se preocupe, Ele é fiel.

Procure destinar um dia da semana em que você não estudará. Isso mesmo. Você não vai "pegar" no livro, no resumo, no informativo, na prova. Você vai ler Shakespeare, ouvir sertanejo, bossa nova, rock. Vai à igreja, à festa ou ao encontro do sofá. É... Do sofá da sala em que você deitava para pensar em.... Pensar em nada. Isso mesmo. Pensar em nada. Perda de tempo? Claro que não. Ganho de vida. Isso se chama: recarga da bateria. Está na hora de recarregar a sua. Hoje é domingo. Recarregue sua bateria. Temos uma linda semana pela frente.

Continue CAMINHANDO.
Cada dia mais próximos.

4

Bom dia!

Quando a gente está estudando para concurso, fica ansioso para passar em alguma prova, tomar posse em algum lugar do país.

Em minhas orações, eu sempre pedi a Deus que me permitisse ser juiz no local em que Ele havia planejado. Nunca tive a pretensão de estar em um lugar que não fosse da vontade de Deus.

É preciso entender que a vida não se resume simplesmente a passar em um concurso. Entender que passar em um concurso em outro estado significa mudar a sua história para sempre. E que isso também é determinante para as gerações que vão lhe suceder (filhos, netos...).

No fim das contas, o que a gente quer é ser feliz. E a felicidade pode estar no interior do Acre ou na capital paulista. Porque esse sentimento mora dentro de nós e depende, em grande parte, das pessoas que convivem conosco.

A solidão pode lhe fazer uma pessoa infeliz em qualquer lugar do mundo. Qual o prazer de tomar um Romanée-Conti sozinho? Ou qual a emoção de vivenciar histórias incríveis sem ter com quem compartilhar?

Perceba: confiar em Deus é fundamental. Só Ele sabe qual é o melhor lugar para cada um de nós. Você não sabe o que vai acontecer amanhã, quais pessoas você vai conhecer e em qual posição estará daqui a 30 anos.

A vida é um eterno "ligar os pontos". Hoje, eu entendo o que aconteceu anos atrás. Mas, só daqui a alguns anos, eu vou entender o que acontece hoje.

Um dia, eu chorei por não ter passado no vestibular da faculdade de direito da USP. E chorei muito. Ingressei na Universidade Federal de Goiás pensando que precisava "tirar a diferença". No meio do caminho, me apaixonei pelo Direito e me tornei o juiz, em exercício, mais jovem do país.

Mérito meu? A maior parte não. Mérito de Deus, que um dia não me permitiu ingressar na graduação do Largo de São Francisco. Na época, eu não entendi. Hoje, eu ligo os pontos.

Daqui a 100 anos, nenhum de nós estará aqui. Isso é um fato. E essa percepção de que a vida é passageira nos faz mais fortes nas adversidades e menos negociantes dos nossos valores, dos nossos princípios. Percebemos que somos iguais, que cada um de nós tem apenas uma vida na terra e uma chance de ser um instrumento na construção de uma sociedade melhor.

Confie em você. Confie em Deus. Continue caminhando. Cada dia mais próximos.

5
Aos aprovados na primeira fase.

Parabéns!

A partir de agora, não existe concorrência. Se você tirar 6,0 em todas as outras fases, você será juiz.

Concentre-se. O seu maior desafio é conseguir estudar o maior número de disciplinas dentro deste pequeno intervalo de tempo.

Não se desespere. Aceite: você não vai conseguir estudar tudo o que deseja estudar.

Adote resumos. Leia a bibliografia com a qual você já está acostumado. Reler é muito mais rápido do que ler.

Pratique.

Aprender a fazer sentença é igual a aprender a dirigir. Ninguém se torna um bom motorista lendo o livro do DETRAN. Ninguém se torna apto a fazer uma sentença apenas lendo um manual.

Enfrente os seus medos. É hora de perder a vergonha de perguntar. A sua dúvida pode ser a questão do concurso. E se você não a tirar, vai querer morrer quando receber a prova.

Faça sentenças! Entenda: elas vão começar ruins.

Na primeira sentença penal que fiz, o professor me disse que ela merecia nota 3,0. Em 2 meses, consegui tirar a maior nota de sentença penal da história do concurso do TJDFT (9,88).

Sinceramente: É hora de abaixar a cabeça e só levantar depois da prova. Por qual motivo? Simples: nota 6,00 significa tornar-se juiz. Nota 5,95, começar tudo de novo.

Mãos à obra! Sucesso! É hora de vencer!

6
Davi e Golias

Um dia Davi enfrentou Golias. E venceu.

Antes disso, bem antes disso, como era pastor, Davi, várias vezes, precisou enfrentar Leões e Ursos que atacavam suas ovelhas e, para isso, usava pedras. Isto se chama treinamento.

Pouca gente sabia disso, mas Davi conhecia a sua história.

E não foi a primeira vez que ele usou uma pedra para derrotar um inimigo, mas, mesmo assim, Davi levou 5 pedras, e não só uma. Poderia não acertar o primeiro arremesso. Isto de chama prudência.

Entenda: No dia da prova, no dia em que você enfrenta o seu "gigante", você leva consigo a sua história, os seus estudos, os seus treinamentos. Quem olha para você assim, "franzino", pode achar que você não é capaz. Mas acredite na sua preparação. E confie em Deus.

Mas também entenda: talvez a primeira pedra que você atirar não seja suficiente para derrubar esse gigante e conquistar a vitória. Talvez o primeiro concurso não seja aquele em que você será aprovado. Preste outras provas. Atire outras pedras. Uma delas vai acertar o alvo.

Bom dia! Continue caminhando. Cada dia mais próximos.

7

Bom dia!

Hoje é segunda-feira, o dia de começar um programa que você vai cumprir integralmente esta semana. Comece os dias estudando as matérias que você tem maior dificuldade. Aprender com a mente descansada é mais fácil.

Se possível, pratique um exercício físico. Pessoas bem-sucedidas, em geral, reservam 1 hora do dia para o corpo, mesmo que todas as outras horas sejam destinadas à mente. Vá além!

No caso de quem estuda para concurso, recomendo que destine 30 minutos do dia para exercícios físicos e 30 minutos para um alimento espiritual. Ter equilíbrio neste momento da vida é difícil e a oração, a reflexão e a leitura não jurídica podem ser imprescindíveis.

No mais, acredite em você. No teatro da sua vida, quer queira, quer não, você é o protagonista. Continue semeando. Cada dia mais próximos.

8
Freios e sonhos

Durante a vida toda, a gente aprende a colocar freios nos nossos sonhos. Baixas expectativas evitam frustrações. Só que baixas expectativas evitam grandes feitos também.

Um dia, um louco decidiu fazer o download da internet inteira. Parecia impossível. Mas foi aí que ele criou o Google. Um dia, o faxineiro do TRE de Brasília sonhou em ser jurista. Parecia utópico. Mas foi sonhando que ele se tornou o Presidente do Supremo Tribunal Federal.

Eu não sei qual é o seu sonho. Mas eu lhe garanto: você tem exatamente o tamanho dele.

Continue caminhando. Cada dia mais próximos...

9
Escolha

Acredite em você. Ninguém vai sonhar grande por você. Você não passa o dia inteiro pensando em como o seu vizinho pode ser bem-sucedido. Por mais que você seja solidário, vencer é uma escolha individual.

Escolha ser um vencedor. Escolha sonhar grande. O trabalho é o mesmo e você ainda deixa de se preocupar com as coisas que não têm nenhum futuro, que não agregam nenhum valor à vida.

10

Aflições

Sempre recebo e-mails e ligações de alunos e amigos muito tristes com resultados de concurso. Gente muito preparada e que não passou por décimos em uma prova do Ministério Público, ou na oral da Procuradoria, ou, ainda, na sentença penal (ou cível) da Magistratura.

É normal ficar triste. Eu já fiquei. Já fiquei várias vezes. Decepcionado comigo mesmo. Cada resultado negativo era um choque na minha autoestima, na valoração que fazia de mim mesmo, na avaliação que fazia da minha capacidade...

Um dia eu passei. Passei cedo, é verdade. Mas eu também comecei cedo, de forma disciplinada e, por isso, esse dia chegou. O dia do resultado da prova oral chega e você nem entende como passou. Parece que foi sorte. Mas, na realidade, foi Deus. A distância entre 5,95 e 6,00, não é de 0,05, mas sim de um quarto de estudos para um gabinete de trabalho.

Nem sempre o mais preparado tira 6,00 e o menos preparado tira 5,95. Eu lutei para tirar uma nota alta. Não por vaidade. Mas porque não queria passar pela dor de ficar na trave. Mesmo assim, isso aconteceu algumas vezes.

Afinal, "no mundo tereis aflições, mas tende bom ânimo, eu venci o mundo", disse Jesus Cristo.

Daqui a 10 anos, você vai se lembrar e vai entender o que acontece hoje.

11
Sonhos claros

Saber aonde você quer chegar torna o caminho mais curto e, consequentemente, a chegada mais rápida. Desde o terceiro período de faculdade, eu sabia que queria ser juiz. E isto foi fundamental para direcionar meus estudos, meus programas, minhas renúncias, enfim, meu estilo de vida.

Durante três anos, eu "estive" delegado de polícia. Estar é diferente de ser. Bem diferente. Desde o primeiro dia na Polícia Civil, eu tinha a consciência de que era uma fase da minha vida. Sabia que as experiências que seriam vivenciadas por mim fariam parte da bagagem que carregaria comigo até a magistratura.

É verdade, a magistratura já foi um sonho para mim. Mas quem disse que não vale a pena sonhar? É alimentando o sonho que temos força para continuar a vida. E como eu sonhava... Sonhei tanto, que Deus, vendo que minha mente e o meu coração comungavam do mesmo objetivo, fez com que o destino tirasse as vestes da imaginação e colocasse as roupas da realidade.

Hoje, eu sou juiz. Se você quer trocar as roupas da imaginação e trajar uma toga, continue firme. Dê ouvidos aos que o incentivam. Seja surdo aos que querem desanimar você. A palavra é a espada mais poderosa que o homem possui. Escolha bem as suas.

Conte com o apoio dos seus amigos e familiares. Conte, inclusive, com o meu apoio. Confie em Deus. O melhor lugar para você ser juiz, promotor, defensor ou procurador é onde Ele planejou para você.

Hoje, eu sou juiz em Brasília. Mas poderia ser em qualquer lugar. Minha oração sempre foi: "Deus, eu quero ser juiz no Tribunal que o Senhor quer que eu seja. Porque eu vejo apenas o agora, mas o Senhor conhece todo o futuro". Faça você o mesmo! Boa semana! Bons estudos!

12
Paixão

Apaixonar-se pelo Direito talvez seja a forma mais simples de superar esta fase passageira da vida de prestar concursos. Ter uma noção da ciência jurídica em geral lhe faz uma pessoa mais sensata, mais equilibrada. E o sofrimento momentâneo lhe faz uma pessoa mais humilde, mais humana, enfim, melhor.

Acredite, daqui a um tempo, você vai olhar para trás e perceber como tudo o que você passou foi fundamental para você ter se tornado quem você é.

A vida é um eterno semear e colher. Continue semeando...

Ser feliz é um estilo de vida, que não depende das circunstâncias experimentadas por cada um de nós. Há milionários que se suicidam e garis que cantam enquanto recolhem lixos pela madrugada.

Boa semana para todos nós!
Que Deus nos abençoe!

13

Batalha marcada

Daqui a alguns dias, você terá uma batalha. Seus maiores inimigos são internos! Vença o cansaço, a tristeza e o desânimo! Mate o pessimismo e a inconstância. Nesse final de semana, inspire-se! Alimente o seu sonho, por mais que ele pareça distante!

Deite em sua cama, feche os olhos e imagine. Imagine quem você quer ser daqui a 2 anos. Ou melhor, quem você será! Isso vai renovar suas forças.

Imaginou? Então, para colher os frutos é preciso lançar as sementes. Comece hoje!

Ninguém nasce juiz. Mas há que nasça para ser juiz. Seja um deles. Isso serve para as outras carreiras. Descubra para qual delas você nasceu. Realização profissional contribui para a paz nas diversas outras áreas da sua vida.

Continue!
Cada dia mais próximos.

14
Palavras

Maquiavel, em seu conselho ao príncipe, diz que o homem deve ser íntimo de, no máximo, duas pessoas. Somente a elas contar os detalhes de seus planos, de seus sonhos, de suas fraquezas.

Davi, no Salmo 141, pede a Deus que guarde os seus lábios, com a finalidade de não falar o que não deveria.

Quando a gente estuda para concurso, é natural que as pessoas saibam disso. É comum que saibam qual a carreira almejada por nós e é desejável que alguns amigos sonhem conosco.... Até aí, tudo bem...

O problema está nos detalhes. O erro está em contar a todos que lhe perguntam que você estuda para concurso, que você quer passar naquele determinado tribunal, que você estabeleceu uma meta de 2 anos, que sua família lhe apoia financeiramente, que...

Chega! Preserve-se um pouco mais!

Nesta fase da vida, ficamos muito vulneráveis, estamos com a autoestima bem frágil.

Se você sair contando ao mundo inteiro seus planos, as pessoas vão se achar no direito de lhe dar conselhos. E palavras são capazes de causar ferimentos inimagináveis e catástrofes incalculáveis.

Uma frase infeliz pela manhã e lá se foi seu dia de estudo.... Uma mensagem depois do almoço e adeus concentração no resto da tarde...

Fosse só isso tudo bem. Ainda existe o conselheiro pessimista. E acredite: pessimismo é contagioso. Se você der ouvidos a um pessimista convincente, adeus sonhos grandes. Pessoas negativas fixam metas medíocres e tentam convencer seus pares a fazer o mesmo. Não faça!

Se você sempre sonhou em ser juiz, assessoria não é o seu lugar para sempre! Não tente se convencer do contrário! Se quer ser promotor, seu cargo atual é PASSAGEIRO. Você está ______. Mas você SERÁ promotor. Deixe isso claro na sua mente.

Ouça pessoas que você admira e que lhe querem bem. Um bom conselho pode lhe poupar muito tempo, muito esforço, e levá-lo para muito mais longe.

Há quem diga que o segredo do sucesso é o sigilo. Não sei se a frase é inteiramente correta. Mas, com certeza, não é o falar demais que lhe faz crescer.

Nesse começo de semana, escolha bem seus conselheiros, seus confidentes.

Quer um conselho? Tenha disciplina. Pouquíssima gente tem. Já é um grande diferencial.

Mãos à obra que o sonho é seu! Intervenção de terceiros, só no processo civil!

Continue caminhando. Cada dia mais próximos.

15
"*Ouvido falar*"

Sempre há quem diga que conhece uma pessoa que estuda há 10 anos e nunca passou nem na primeira fase. Que conhece outra pessoa que depois de 15 anos desistiu.... Apague isso da sua memória!

Em uma das crises mais graves pelas quais passava os Estados Unidos, foram perguntar a Sam Walton, fundador e presidente à época do Walmart, o que ele faria. A resposta foi a seguinte: "Temos ouvido falar em crise. Fiz uma reunião com a minha diretoria e decidimos: nós não vamos passar por ela".

Você tem ouvido falar em o quanto é difícil passar no concurso almejado.... Mas para você não!

A resposta de Sam Walton era utópica? Não sei.... Talvez "ser otimista demais" seja a explicação para o fato dele ter construído a maior rede de varejo do mundo.

Sam Walton, um exemplo. Você também pode ser um.

Continue caminhando. Cada dia mais próximos.

16
Ponto de vista

Ponto de vista é a forma como você enxerga o mundo. É, também, a forma como você enxerga você.

James Hunter, em "O Monge e o Executivo", diz que o ser humano procura chamar a atenção de duas maneiras: ou como líder, ou como vítima.

Tudo depende do ponto de vista, ou melhor, do SEU ponto de vista.

Como você se vê? Você é a vítima? A vítima de uma correção injusta na segunda fase do concurso. A vítima das circunstâncias, já que um ente querido ficou doente na semana da sua prova e você não pôde estudar... A vítima da falta de tempo, da falta de condições financeiras, da falta de apoio... Afinal de contas, você tem filhos, precisa trabalhar, precisar ir ao banco pagar as contas... E tudo.... Tudo parece conspirar contra...

Ou você é o líder? O exemplo? O exemplo que, quando foi prejudicado em um concurso, entendeu que aquela não era a sua porta, mas que a sua porta não deixou de existir e que ela está aberta. O exemplo que, mesmo, quando o parente ficou enfermo na semana da prova, carregou para o hospital, junto com o cobertor e o travesseiro, o Vade Mecum para dar uma lida no ECA e no CDC nas horas mais tranquilas. O líder que, tendo que esperar na fila do banco, sempre leva debaixo do braço um livro de questões comentadas e aproveita os 20 minutos de espera para resolver 10 exercícios... O exemplo que, tendo que trabalhar o dia inteiro e só conseguindo estudar 2 horas por dia de segunda a sexta, estuda 10 horas no final de semana "para compensar". E quer saber? Compensa.

Compensam o sacrifício, o sofrimento e as renúncias.

A vida é uma peça de teatro. Um dia você vai mudar de cena. A cena tem que mudar. É a lei da história. E em vez de o capítulo ser você chegando na biblioteca, com aquela camiseta surrada, e carregando o Vade Mecum, a cena vai ser você chegando no seu gabinete, de terno, e carregando... carregando a toga. Afinal de contas, no próximo capítulo desse filme, você é juiz.

Um dia, você vai abrir os olhos e se perguntar: "O que eu sou? " E a resposta vai ser: "Eu sou juiz".

E hoje? Hoje, pode abrir os olhos e responder: "Eu sou juiz em potencial. Posso ESTAR em qualquer outra profissão. Mas SER... SER mesmo... Eu sou juiz".

E isso vale para qualquer profissão, desde que seja a profissão dos seus sonhos!

Decida ser um líder!
Continue caminhando. Cada dia mais próximos.

17
Destino. Vida. Planejamento.

Destino é o ponto de chegada. Ou melhor, é o porto de chegada da nossa embarcação no mar da história.

Mas a vida, a nossa vida, desembarca, invariavelmente, na morte. Igualmente para todos os viventes. E pasmem: o pensar na morte agrega valor à vida!

Sua vida já começou. Ela não vai começar daqui a 2, 3 ou 4 anos, quando você passar no concurso almejado.

O "ser feliz" não é condição suspensiva sujeita à implementação da cláusula "passar no concurso público" para produzir efeitos. Não mesmo.

A vida, ou melhor, a qualidade de vida não é inimiga do estudo. Pelo contrário, vive melhor quem estuda mais. Emociona-se com a casa de Julieta em Verona quem já leu o romance shakespeariano. Quem nunca leu, nem acha graça, não consegue "viver" aquele momento.

Apaixonar-se pela leitura é caminho que os mais apaixonados pela vida tomam. E saber viver é sabedoria ostentada por poucos.

Impossível amar tudo o que se lê. Impossível. Nos seus estudos, alterne. Isso. Se você gosta de direito constitucional e odeia empresarial, estude os dois. Uma hora cada um.

Combine matérias que você ama com matérias menos dignas do seu coração. Elas continuam dignas da sua mente.

Alterne. Entre uma hora e outra, tome um café. Um chá. Pode ser um chá diferente. Uma experiência nova. Um chocolate. Dois chocolates. Não mais do que isso.

Às sextas feitas, almoce em um restaurante bom. Às quartas, depois dos estudos, é dia de jogo, de filme, de lazer para aliviar o ritmo da semana. Isso. Alterne.

Cumpra integralmente o seu programa de estudos. Mas inclua nele esses prazeres. Planejamento é fundamental. Pensar a longo prazo é atitude que pessoas bem-sucedidas tomam. Faça isso.

Continue caminhando. Cada dia mais próximos.

18
Potencial

"De que adianta ter terreno capaz de abrigar um castelo, se o castelo não for construído ali?" Fernando Pessoa, em o Livro do Desassossego.

Em outras palavras, de que adianta ter potencial, se o potencial não for explorado?

O Brasil está cheio de pessoas inteligentíssimas e não lapidadas. Caixas de supermercado que fazem as contas dos trocos em 1 segundo e que poderiam ser matemáticos em qualquer grande universidade. Pedreiros que possuem uma noção de engenharia capaz de impressionar qualquer engenheiro de alto nível.

Empregadas domésticas mais inspiradas do que muitas pessoas que fizeram design de interiores.

Mas eles, muito provavelmente, não tiveram oportunidade, não tiveram sorte.

"Sorte é o encontro da oportunidade com o preparo".

No caso, eles não tiveram nem a oportunidade de se preparar.

Já, no seu caso, é diferente. Oportunidades (concursos) aparecem algumas vezes ao ano. Talvez falte o preparo. Talvez falte a disciplina. Talvez falte você aproveitar, hoje, a oportunidade de se preparar para a próxima prova.

Nunca acreditei em inteligência fora do normal. Existem pessoas assim. Mas são raras. Muito raras. Prefiro os esforçados aos inteligentes. Se você nunca leu sobre denunciação da lide, pode ter o QI do Einstein que não vai sair a resposta na hora da prova.

Daqui a 1 ano, ou 1 ano e meio, você pode ser juiz, promotor, procurador.... Muito longe? Nada... O que é 1 ano perto de uma vida inteira?

Explore o seu potencial. Explore sua capacidade.

Continue caminhando. Cada dia mais próximos.

19

Paixão. Saudades.

Saudades do tempo em que as pessoas se apaixonavam.

Assassinaram a paixão.

De tão machucadas, de tão feridas, de tão traídas, as pessoas decidiram não mais se apaixonar.

Falta paixão nos olhos, na vida, nas pessoas.... Falta paixão em tudo.

Falta paixão nos sonhos.

Apagaram sua paixão.

De tão machucado por aquele familiar, que, vendo você estudar, é capaz de dizer que você não faz nada, ou, pior, que, não vendo você estudar e nem convivendo com a sua pessoa, se sente apto a julgá-la, sua paixão se apagou.

De tão ferido pelas bancas examinadoras de concurso, que, campeãs da falta de noção, cobram temas inimagináveis e sem qualquer aplicabilidade no cotidiano da profissão, você se sente, por vezes, incapaz, quando incapazes são eles de perceber a atrocidade que cometem.

Onde está aquela paixão da faculdade? Onde está o ideal de ser juiz ou promotor? Lembra de quando você ficava se imaginando de toga ou fazendo um tribunal do júri? Em qual esquina a paixão foi assassinada? Ferida? Abandonada?

Hora de fazê-la nascer de novo.

Tenha paixão. Paixão pela vida. Paixão por vencer.

Um dia para todos nós!

20

Loucuras

"Todo domingo à noite é uma espécie de réveillon. E toda segunda-feira de manhã uma espécie de ano novo".

Talvez, neste "ano novo" de hoje, você tenha acordado dizendo assim: "Ah, quem me dera pensar pequeno! Sofreria metade do que sofro!"

Sinto lhe dizer, ou melhor, não sinto lhe dizer: não vai adiantar mudar seu pensamento. É o seu espírito que é grande demais e que não cabe onde você está. Por isso o incômodo. Por isso esse desejo de mudança. E esse incômodo significa que o seu legado nessa Terra é maior do que o que você tem imaginado.

Mas você se acha pequeno, não é? "Se você se acha muito pequeno para fazer a diferença, você nunca esteve na cama com um mosquito". Betty Reese

Faça a diferença hoje. Pegue o seu livro de um jeito diferente. Leia a matéria como quem lê um romance. E descubra um "Shakespeare" na redação do Fábio Ulhôa. Um Machado de Assis nas frases de Daniel Assumpção. E um Paulo Coelho no direito penal de Rogério Sanches. Loucura? Melhor ser louco então.

Está na hora de mudar, ou melhor, como diria Charles Chaplin, está no segundo de mudar, já que "cada segundo é tempo para mudar tudo para sempre".

Bom dia! Uma semana de muitas loucuras positivas para todos nós!

Continue caminhando. Cada dia mais próximos.

21
Três verdades

Planejamento.

É fundamental. Torna o caminho mais curto, mais inteligente, mais coerente. Agora, entenda: ele é feito para tornar sua vida melhor, e não pior. É feito em função de você, e não o contrário.

Quando montar o seu plano, considere suas limitações. Caso contrário, você não irá cumpri-lo durante muito tempo.

Amor.

Ame. No jardim do seu coração, sempre regue as sementes do amor. Deixe morrer as do ódio. E lembre-se: as duas espécies de semente sempre estarão lá.

Ousadia.

Ouse. Algumas vezes, você vai se arrepender disso. Na maioria das vezes, não.

Neste final de semana, planeje, ame e ouse!

22

Agora são 06h30min

Acordei inspirado. Encantado com a história de Cora Coralina. Que ela foi poetisa, você sabe. Talvez o que você não saiba é que a "maior poetisa que o Brasil já produziu", segundo ninguém menos do que Carlos Drummond de Andrade, publicou seu primeiro livro aos 76 anos.

Nascida em Goiás em 1889, em um mundo absolutamente machista, sem espaços para leitura do que as mulheres escreviam, Ana Lins, pseudônimo Cora Coralina, decidiu ser diferente.

Doceira e escritora. Usava as mãos para fazer doces e poemas. Usava o coração para produzir os dois. Ficou famosa por ambos.

A primeira mulher a receber o Prêmio Juca Pato, em 1983.1983. Isso. Ela recebeu o prêmio aos 94 anos.

E você se achando velho para continuar sonhando, continuar lutando...

Cora Coralina, um exemplo.
Você também pode ser um.

23
Companhias

Todos temos as nossas. Aliás, somos produtos das nossas companhias.

Em alto e bom Shakespeare, "diga-me com quem tu andas e te direi quem és".

Com quem você tem andado? Quem são os seus conselheiros? Quais são os seus exemplos?

Não se engane. O seu estilo de vida e o seu sucesso profissional serão muito semelhantes aos daqueles com quem você convive.

É a química. É a fruta podre. É o vírus da gripe. É a lei da atração. Boêmios se atraem, preguiçosos se atraem, vencedores se atraem.

Com quem você anda?

Você nem gostava de comida japonesa. Mas, depois de 5 idas ao restaurante para "acompanhar a turma", você passou a gostar. E hoje? Hoje, você ama.

Você nem sabia o que eram os informativos do STF. Mas, depois de muitos amigos lendo-os, eles passaram a ser tão fundamentais quanto o café após o almoço. Por quê? Porque você foi influenciado.

Hoje é sexta-feira. Decida, neste final de semana, quem você quer ser daqui a 5 anos.

Reflita.

Passe a andar com pessoas que comungam do mesmo objetivo. Isso não significa abandonar amizades antigas. Pelo contrário. Isso significa fazer novas amizades. Gente que vai ajudá-lo. Gente que vai ser ajudada por você.

Concorrência? Bobagem. Pouquíssimas pessoas têm disciplina. A sua vitória é do tamanho da sua disciplina e do seu foco. E há um lugar reservado para cada um de nós.

E depois? Depois é só deixar o tempo e Deus fazerem a parte deles.

Afinal de contas, não existe melhor companhia do que a Divina.

Um final de semana em ótimas companhias para todos nós!

24
Sabedoria

Sabedoria não é saber qual o caminho correto. Isso se chama conhecimento. Sabedoria é tomar o caminho correto, o que é muito diferente.

Muita gente sabe o que deve fazer. Pouca gente faz o que tem que ser feito.

Por qual razão?

Executar não é tão simples quanto parece.

Saber que tem que estudar 6 horas por dia é fácil. Difícil é acordar 5h30min da manhã para ler informativos antes do trabalho, é conseguir se concentrar com o avô doente, é ir embora mais cedo da festa de aniversário do irmão para terminar de estudar títulos de crédito. Isso sim é difícil!

Sabedoria é entender e aplicar. Entender que os homens mais bem-sucedidos da história souberam tomar decisões corretas, nos momentos certos, por mais difíceis que elas fossem. E aplicar esse entendimento na sua vida, em todas as áreas.

Seja sábio! Tome o caminho correto! No seu caso, é o caminho da biblioteca! Decida por você! Não deixe que as circunstâncias decidam sua vida!

Um dia cheio de sabedoria para todos nós!

25
O caminho mais curto

Temos um fascínio. O fascínio do caminho mais curto. Queremos tudo e queremos agora.

Queremos namorar. Isso é bom. Queremos namorar sempre. Isso é ruim. Terminamos um namoro e, no desejo de nunca nos sentirmos sozinhos, começamos outro no dia seguinte. Pode ser com qualquer pessoa. Ela pode nem combinar com a gente. Pode gostar de tudo o que a gente não gosta. Mas estamos com alguém. Infelizes, mas com alguém. É o caminho mais curto. É o caminho mais tolo. No fim das contas, não conquistamos quem a gente queria.

Queremos passar no concurso. Isso é bom. Queremos dormir estudantes e acordar concursados. Isso é ruim. Com esse desejo, adotamos métodos "infalíveis". Desesperamo-nos. Lotamos bancos de cursinhos como se o conhecimento fosse transmitido por osmose. Achamos que em 1 mês conseguiremos. O importante é passar. Pode ser para juiz, promotor, procurador, analista, técnico.... Pode ser para qualquer coisa, em qualquer lugar do país, mas precisamos passar e passar agora! E, no desespero, passamos! Somos concursados. Infelizes, mas concursados. É o caminho mais curto. É o caminho mais tolo. No fim das contas, não somos aprovados no concurso que a gente queria.

Somos a geração do tudo ou nada. Ou vamos à boate e saímos de lá carregados às 6 horas da manhã. Ou vamos à biblioteca e saímos de lá expulsos às 22 horas.

Quando decidimos estudar, são 12 horas por dia. Quando decidimos chutar o balde, brigamos de morte com o livro.

Tolice. A vida requer equilíbrio.

O topo da montanha exige esforço. Muito esforço. Chegar no alto da montanha exige tempo. Um bom tempo. Se não for assim, não se engane, não é o topo da montanha. Talvez nem seja montanha. Talvez seja um vale, um buraco em que você entrou e que vai tornar mais difícil ainda sua subida.

Não seja imediatista. Seja visionário. O tempo vai passar, quer você surte, quer não. E o tempo premia os que nele confiam e expõe os que são precipitados.

"Você pode decidir o que quiser. O que você não pode é impedir que os efeitos de sua decisão ocorram" (Pastor Samuel Vieira).

Continue CAMINHANDO.
Cada dia mais próximos.

26

E você?

Impossível não se emocionar. Talvez nenhum de nós o conheça pessoalmente. Talvez. Mas quando a gente vê e ouve uma pessoa, mesmo que seja pela televisão, parece que ela se torna íntima de cada um de nós. E, claro, sofremos com a perda de um íntimo.

A tragédia de Eduardo causou tristeza comparável à da morte de um conhecido, em alguns, de um parente.

A morte leva junto os defeitos e deixa vivo o exemplo. Apaga os erros e ressalta as qualidades. E é bom que seja assim. Merecedor dos elogios que lhe foram destinados, Eduardo se foi. Foi para o outro lado. Deixou conosco o desejo de mudança.

Sabemos: todos nós vamos sair desta vida um dia. Mas, tenho certeza, de que ele fez o que queria enquanto esteve aqui. Fez-se político, porque no sangue já corria o chamado. Fez-se pai, porque só o amor pode explicar o sacrifício. Fez-se um vencedor em velocidade meteórica, porque, sem que ele soubesse, sua passagem, assim como a de um meteoro, teria que ser rápida.

A morte de um exemplo torna o exemplo mais vivo do que nunca, mais forte do que era, mais digno de admiração. É a irrecuperável perda que deve significar um inegável ganho em sua vida. Um ganho de caráter. Um avanço da coragem. Da coragem de ser quem você sempre quis ser.

Não é fácil? Não, realmente, não é fácil. Fácil é ser covarde, é ser coadjuvante da própria história, é ser plateia de uma peça em que você deveria ser o protagonista. Fácil é viver às ocultas, negligenciando a vocação, prevaricando diante do dever que lhe foi outorgado. Isso sim é fácil. É fácil e é triste.

Seja o que você quiser. Político, professor, empresário, juiz, promotor.... Seja feliz. Seja quem você nasceu para ser. Escute essa voz que existe dentro de você e que aponta a direção. Acredite. Siga o desejo que nasceu no seu coração. Pois é "Deus que opera em nós tanto o querer como o efetuar" (Filipenses 2:13).

Eduardo Campos, um exemplo.
Você também nasceu para ser um

27
Não negocie

Ontem, dia dos pais, almoço em família, e quem estava lá? Aquele tio derrotista. Aquele parente "conselheiro", porta-voz das más notícias... E, com tantos lugares para ele ficar, sentou-se ao seu lado. Acontece.

Perguntou da sua vida, dos seus estudos, dos seus projetos.... Demonstrou tanto afeto por você e, em seguida, começou o discurso de sempre. Mesmo sem ser convidado, tomou assento à mesa dos seus projetos e passou a opinar.

Mandou você mudar de cargo pretendido. Sugeriu que você não fosse tão rígido na carreira almejada. Argumentou que você deveria mudar de planos, adotar planos menores, mais fáceis, mais factíveis. Fez questão de ressaltar que, hoje em dia, "só os gênios passam no concurso que você quer". E ele conhece milhões de histórias de fracasso...

Jogue fora. É lixo. Jogue fora. São conselhos medíocres. Talvez nem seja por mal. Talvez seja por pequenez mesmo. Nanismo de pensamento. Conselhos de gente que pensa pequeno.

Nesta semana, em vez de carregar esses avisos derrotistas, carregue seus livros. Você sai ganhando. "Investir em conhecimentos rende sempre melhores juros". Benjamin Franklin

Conselhos medíocres devem ser apagados, deletados da memória.

Quer um conselho melhor? Não negocie.

Não negocie projetos. Não negocie sonhos. Não negocie o seu futuro. Afinal de contas, ele é seu. Entenda: no seu futuro, com certeza, você estará lá. Já seu parente "conselheiro", talvez não. A decisão tem que partir de você.

A vida, felizmente, é sua. A escravidão acabou há mais de um século. E está mais do que na hora de você viver como quiser, ou melhor, como sonhar.

Seja um vencedor. Isso não é apenas uma decisão. É um estilo de vida.

Uma semana sem negociações e cheia de estilo para todos nós!

28
Três simples verdades.

Primeira: Sua vida poderia estar melhor do que está, mas também poderia estar pior do que está. E sempre vai ser assim.

Você poderia estar mais próspero. Já poderia ter passado naquele concurso. Não fosse aquela questão, não é? Mas também poderia estar mais pobre, poderia estar desempregado, poderia nem ter condições de estudar...

Você poderia estar casado com aquela namorada inteligente da faculdade, mas poderia ter se casado com aquela vizinha louca. O pior foi que você conseguiu se apaixonar pelas duas...

Sempre você poderá pensar em um lugar mais alto e em uma situação mais dramática.

Tudo bem. Mas qual a importância disso tudo? A importância está em perceber que, se você não é feliz hoje com o que tem, muito provavelmente não vai ser feliz com o que tiver no futuro. Sempre vai existir um lugar melhor. Querer subir é natural ao sábio. Depender do degrau de cima para ser feliz é característica do tolo. Seja feliz por ser quem você é. Estar vivo já um presente de Deus.

Segunda verdade: Felicidade é diferente de comodismo. Não confunda.

Uma coisa é ser feliz. Outra coisa é ser preguiçoso. Há quem chame a preguiça de bem-estar e a ambição de egoísmo. Bobagem. Se alguém dorme até tarde, não estuda e não investe no seu sonho, não pode chamar isso de qualidade de vida. Isso é qualidade de morte. É vida mal vivida, mal pensada, mal planejada. É a construção de um vale no qual o construtor estará daqui a alguns anos. E, acredite, provavelmente sozinho. Vale não é um lugar atraente. E depois que você cai nele, é difícil sair.

Então seja ambicioso! Pense grande! Tenha sonhos gigantescos! Mas, mais do que isso, corra atrás. Ser campeão olímpico é uma delícia! Acordar às 5 horas da manhã para treinar, não...

Se você perguntasse às pessoas se elas gostariam de ser bem-sucedidas profissionalmente, com certeza, elas lhe diriam que sim. Agora, pergunte o que elas estão fazendo para isso.... Aí a conversa muda.... Muita gente quer ser campeã olímpica. Pouca gente corre na madrugada.

Não seja preguiçoso. Seja diligentemente ambicioso.

Terceira verdade: O tempo não volta. Comece agora.

Chega de fingir que está tudo bem. Chega de ser o maior ilusionista da própria história. Você finge que está satisfeito onde está, que não quer ir além, que para você "já está bom". Está nada. Seja franco com você mesmo. Responda apenas a esta pergunta: se não existissem dificuldades, onde você gostaria de estar? Se for exatamente onde você está, tudo bem. Se não, coloque o tênis e vá correr sua maratona. A medalha é sua. A vitória é dos seus pais. O legado é para os seus filhos.

Daqui a 5 anos, você vai agradecer a Deus por você ter calçado esse tênis. E nós vamos agradecer a Ele por ter feito você assim.

Um dia cheio disposição para todos nós! Cada um fazendo a sua "maratona" e sendo feliz durante a sua corrida!

29

É humano. É falho. É melhor que seja assim.

Tudo bem. Seu projeto pode não sair exatamente como previsto. Pode demorar mais.

Aliás, seu projeto pode levá-lo a um lugar bem diferente do que você traçou.

Você já deve ter ouvido falar de alguém que estava estudando há anos para promotor e nunca tinha passado. E, na primeira vez que prestou para juiz, passou.

Como isso se chama? Sorte? Acidente? Nada... Isso se chama destino mesmo, ou melhor, "maktub": estava escrito.

Destino é o lugar reservado para você. Talvez você nem conheça o seu. Dá vontade de saber, não é? E se soubesse? Seria tão sem graça...

Já pensou se você soubesse com quem iria se casar desde os 5 anos? Iria passar a adolescência e a juventude toda sem namorar ou namorando com data de validade. Matando amores recém-nascidos só porque saberia que a morte os esperava um dia. Que sem graça.... Que sem emoção.... Que sem vida...

O bom mesmo é se apaixonar! Chorar como se fosse o último e estremecer como se o próximo fosse o primeiro.

Bom mesmo é mergulhar de cabeça no sentimento! De cabeça! Ou melhor, usando a cabeça! Pelo menos, minimamente! Essa história de que os opostos se atraem só serve na física. E eu, particularmente, prefiro a química: "semelhante dissolve semelhante". Entre as pessoas que se parecem com você, uma é o seu "destino".

E no concurso? Vale a mesma lógica. Você não consegue saber se vai ser juiz no Acre ou no Rio Grande do Sul. Talvez nem saiba se nasceu para ser juiz, procurador, promotor.... Mas, se você ama o Direito, entre de cabeça neste mundo. De cabeça! Entenda: você não nasceu para ser vendedor, comerciante ou economista. Lembra? "Semelhante dissolve semelhante", ou seja, é dentro do Direito que você vai encontrar o seu "destino".

E o projeto? Melhor jogar fora? Claro que não. Planejamento é fundamental. Só não faz plano o tolo. Mas acredite: o destino vai pegar o seu plano e colocar nas linhas certas.

Confie em Deus e faça a sua parte.

Quando Jesus ressuscitou Lázaro, ele determinou que, primeiro, os homens tirassem a pedra para que, depois, ele chamasse Lázaro para fora. Tirar a pedra o homem consegue. Já o milagre da ressurreição é com Deus.

Tire as pedras do seu caminho e deixe Deus fazer o milagre em sua vida.

Uma semana cheia de "destino" para todos nós!

30

Foco. Barco. Vitória.

Pedro andou sobre as águas. Eu sei, você conhece essa história. Jesus chamou Pedro para fora do barco e ele foi...

Tudo bem. Mas o que isso tem a ver com foco?

Repare. A bíblia narra que Pedro andou sobre as águas enquanto ele olhava para Jesus. Quando ele começou a olhar para o mar, sentiu medo e afundou. Aí, Jesus foi lá salvá-lo. Reparou?

Tudo é uma questão de foco. Para onde você está olhando? Para as 5 mil pessoas inscritas no concurso? Para os resultados desastrosos do TJDFT (7 aprovados na sentença), TJMT (11 aprovados na sentença) ou TJPR (35 aprovados na fase discursiva)? Você está olhando para as circunstâncias ou para a sua vitória? Você está olhando para o mar ou para Deus? Se for para o mar, compreenda, você vai se afundar. Mas se você olhar para Deus, você vai andar sobre as águas. Tudo é uma questão de foco.

Barco.

Pedro não estava sozinho no barco. Com ele havia outros discípulos. Mas só ele andou sobre as águas. Qual a explicação? Simples. Ele teve mais fé do que os outros. Pergunto: onde está a sua fé?

Contar a história de vitória é fácil. Difícil é encarar o mar de noite, em meio a uma tempestade, sem ninguém ao seu lado e só ouvindo a voz de Deus dizendo: "vem". Isso é fé.

Há uma voz dentro de você que diz: "vem". Uma voz que, toda vez que você pensa em desistir, ela diz: "vem". Quando você vai ao fórum e olha para aquela sala de audiências, essa mesma voz diz: "vem". Quando você recebe a notícia de um novo edital, a voz diz: "vem". E você?

Você ouviu essa voz e entrou no mar dos concursos. Começou com o foco na sua vitória. Mas o tempo é ruim, está de noite, e, hoje, você nem consegue enxergar sua vitória mais. Você começou a olhar para o mar, para as circunstâncias, para as dificuldades e.... PARE! Você não vai se afundar.

Levante esta cabeça. Mude o foco. É a toga que você quer, não é? Então nada de ficar olhando para o lado. Foca na toga, ou melhor, #focanatoga. Ela é sua.

O barco era o lugar mais confortável para Pedro ficar! Concordo. Então temos mais uma lição: saia da sua zona de conforto. É hora de enfrentar um desafio. E, já que você entrou no mar, aprenda a andar sobre as águas. Como? Foco em Jesus. Foco na vitória. #focanatoga

Vitória.

Vitória não é caminho. Quem falou isso para você? Vitória é chegada. Vitória é consequência. Tolice achar que ela aparece assim, do nada. Ela é fruto de muita caminhada sobre o mar.

Neste dia, aprenda a andar sobre o mar. Tenha uma semana fora do seu barco. E, por fim, não olhe para as águas. Olhe para Deus.

31 O tempo vai passar

O seu tempo vai passar. O tempo é senhor sobre os homens. E todos os homens são finitos.

Gênios do Direito nasceram e morreram antes de você. Confesso, Miguel Reale parecia imortal. Parecia. Mas não era.

Todas as fases da sua vida vão passar. Algumas já passaram. Lembra de quando você assistia "Vale a pena ver de novo"? Ironia do destino ou não, hoje, você vive este programa. Terminou de estudar Direito Penal, mas "vale a pena ver de novo". Só que assim como a novela televisiva, este "drama" que você vive agora vai terminar. Um dia, o programa não vai ser "vale a pena ver de novo", o programa vai ser "fantástico".

Uma dica? Esteja preparado para isso. Autoridades arrogantes prestam um desserviço à sociedade.

Acredite: você nasceu para servir a esta geração. Você pode até gostar dos Beatles, pode se identificar com as novelas de época, pode adorar roupas diferentes das que estão na moda. Mas entenda: você pertence a esta geração. E é nesta geração que você vai fazer a diferença.

Um lema? Esteja onde estiver, faça a diferença ou faça as malas.

Não dá para fazer as malas? Claro que dá! O que não dá é para ficar parado vendo o seu tempo passar.

E ele vai passar. Como passou para Ruy Barbosa, Miguel Reale e Sílvio Rodrigues.

Viver frustrado não é viver. É morrer com o coração batendo. É arrastar-se com o corpo, mas sem a alma. É ser só mais uma peça no tabuleiro da decepção. O seu "coitadismo" não vai levá-lo a lugar algum.

"Coitadismo" é algo contagioso. Alegria também. Você é um transmissor. Transmita a segunda "doença". Isso vai aproximar as bondades do mundo de você.

As pessoas estão machucadas. Muito machucadas. Chorar passou a ser uma programação diária, ou, na melhor das hipóteses, semanal. Se for para o seu bem, chore. Mas que as suas lágrimas sejam reflexivas. Que o seu prantear seja em busca de uma solução. E que você a encontre.

O mundo sempre precisará de Miguéis Reales, Ruys Barbosas, Antônios Ermírios.... Seja um deles. Mesmo que você seja o Miguel Reale do seu cursinho, já é de grande valia ensinar alguém. Concordo que nem todos nasceram para ser imperador de Roma. Mas seja imperador da "Roma" que o destino reservou para você. Não seja escravo da própria história.

Conquiste a sua "Roma"!
Um dia "fantástico" para todos nós!

32
Fardos. Competência. Beleza.

Fardos. Todo mundo carrega o seu. Todo mundo tem um fardo para suportar. Às vezes, dois. Na maioria das vezes, mais do que isso. Até aí, tudo bem. Ninguém consegue ser perfeito. E mesmo que fosse, fardos não fazem distinção entre competentes e incompetentes.

A competência não está em não ter fardos para carregar, mas em saber quais são os seus e como carregá-los.

Você estuda para concurso. Acorda de manhã e precisa estudar antes do trabalho. E precisa estudar depois do trabalho. Além disso, tem que resolver o problema do seu filho na escolha e precisa fechar as contas desse mês. Tudo bem. Esses fardos são seus. Carregue. Muitos deles vão acabar quando você os carregar.

Omitir-se é a pior decisão.

Se você não resolver o pequeno problema do seu filho na escolha hoje, pode não conseguir solucioná-lo amanhã. Estará grande demais. Se não se apertar para fechar as contas nesse mês, vai entrar no cheque especial e, no mês que vem, estará pior. Se não estudar agora, vai se arrepender depois.

Quais são os fardos que você precisa carregar? O que, realmente, deve preocupá-lo? Adote dois princípios: 1. Preocupe-se apenas com o aquilo que você pode mudar. 2. Faça a sua parte.

Você está preocupado em saber quando vai sair o edital. Isso você não pode mudar. Esqueça disso agora! Tente estudar as matérias do edital em quatro meses. Se a prova for daqui a três meses, pise no acelerador. E se for daqui a dois? Faça ajustes, eleja prioridades. Em menos de dois meses, ela não ocorrerá, caso o edital ainda não tenha sido publicado.

Você está preocupado em descobrir o que será cobrado na segunda fase. Mas você não consegue saber. Ninguém consegue saber. Você não consegue mudar isso. Estude todo o conteúdo. Mesmo uma banca examinadora que tem um estilo de prova costumeiro pode fazer algo diferente. Bem diferente. Estude o máximo de disciplinas que puder.

Repare: as pessoas que são aprovadas, geralmente, têm êxito em mais de um concurso. Estar preparado é isto: conseguir enfrentar a prova, ainda que o estilo dela não seja o normalmente adotado.

Preocupado em ser aprovado no período máximo de dois anos? Tudo bem. Aqui você pode mudar. Agora você pode decidir. Esse fardo é seu! Faça a sua parte. Quer passar em um ano, então, mãos à obra! Planeje-se. Estude de segunda a sexta (ou de segunda a sábado). Tenha disciplina.

A vitória tem receita? Sim. Foco + disciplina + persistência + planejamento = vitória. A falta de qualquer um desses ingredientes pode atrasar ou impedir a formação do seu "bolo".

Depois de descobrir quais são os seus fardos, é a hora de aprender a carregá-los.

Deixe a vida mais leve.

No caminho para o trabalho, ouça uma boa música. Ainda que só você ache essa música boa. Mas, por favor, seja comedido nos gestos. Nada de ficar dançando "Macarena" e chocando os pedestres. Pode fazer a coreografia com os dedos.

Coma bem. Esbanje no café da manhã. Mesmo antes de começar a estudar. Depois, estude como se você fosse o próximo Ayres Britto. Seja saudável. Com o tempo, você vai adorar esse estilo de vida.

Ria do seu aperto financeiro. Um dia, ele vai acabar. Olhe pelo lado positivo. Cinema nem é tão bom assim nos fins de semana. Muito cheio. Melhor ir às segundas-feiras, quando há promoção.

Aprenda a ser feliz em qualquer situação. Felicidade é um imã de beleza. Pessoas felizes são mais bonitas.

Um bom dia e uma semana cheia de beleza e competência para todos nós!

33
Uma história...

Quando a gente não é a gente.

"Acordei. Olhei para o lado. Vi quem eu nunca quis olhar. Pelo menos, quem eu nunca quis olhar na minha cama. Por medo de ficar sozinho, casei-me com Fulana. Ela é legal. Mas não mais do que isso.

Levantei-me. Vesti a calça jogada no sofá. Peguei a primeira camisa que encontrei. Com um pedaço de bolo na mão, desci as escadas. Liguei o carro e fui.

Fui para onde eu não queria ir. E cheguei. Cheguei aonde eu nunca quis chegar.

Uma sala morta. Há 25 anos a mesma sala morta. Havia indícios de que a tristeza habitava ali. Havia provas de que a tristeza habitava em mim.

Sentei-me na cadeira. Ofegante. Sem preparo algum. Cansado. Cansado física e mentalmente.

Por quê? Porque um dia eu desisti.

Um dia eu desisti de encontrar o amor. Desisti de correr no parque. Desisti da profissão que queria. Isso foi há 25 anos.

E o que eu fiz? Matei. Cometi vários "sonhicídios". E no afã de poupar-me de frustrações, fiz-me o mais frustrado dos homens.

A fim de não sofrer por amor, casei-me por conveniência. Querendo enganar o meu corpo, maltratei minha saúde. Desejando descanso imediato, condenei-me ao cansaço de vida, de alma e de espirito.

Um dia eu descobri que eu não sou eu. Que eu não vivo como eu gostaria de viver. Sabe como é quando a gente não é a gente? E quando a gente não é a gente, a vida não faz sentido.

Esta NÃO vai ser a sua história.

Daqui a 25 anos, a sua narrativa vai ser completamente diferente. Como? Simples. Seja você. Sempre.

Você é o sonho que existe em você. Matar os sonhos é morrer por antecipação.

Entenda: não seja o maior obstáculo na corrida da sua vida.

Acredite: é só uma questão de tempo. E ele vai passar. Ele sempre passa.

Um dia cheio de sonhos e uma história cheia de vida para todos nós!

34
Nada a perder. Nada a temer.

A gente tem medo.

Medo da morte, da doença, da tragédia.

Medo do desemprego, do mau emprego, da miséria.

Medo de ficar só, "de fazer dó", de dar um nó e nunca mais desatar.

Bobagem. Medo a gente tem que ter um só: medo de ser infiel.

Você decide no domingo que vai emagrecer. Prega na geladeira a dieta. Diz que vai passar a semana na academia. Mas na terça-feira é infiel. Troca a salada de frutas por chocolate, o suco por refrigerante e a academia pela televisão. Mas não percebe que troca, no fundo, o sucesso pelo fracasso.

Você decide pôr um fim nesse namoro sem futuro. Prepara o discurso. Marca para conversar. Mas na hora H, decide protelar. Faltou coragem? Sim. Mas faltou mais. Faltou fidelidade à sua decisão. E sobrou descaso com o seu futuro.

Você decide ser juiz. Compra os livros. Monta o escritório. Avisa o mundo para não incomodar. E no segundo mês? E, no segundo mês, para. Chuta o balde. Aposenta o Vade Mecum. Diz que não nasceu para isso. Como assim? Nasceu para ser juiz e não nasceu para estudar? Impossível.

A decisão é sua. Decidiu? Então pronto. Não vai ser banca examinadora, prova difícil, concorrência ou distância que vão impedi-lo. Só a sua infidelidade pode destruir o seu objetivo.

Fez um plano? Cumpra. É um plano de 6 meses? Então cumpra exatamente o programado. E as adversidades no meio do caminho? Supere. Você decidiu. Você tem um plano. Seja fiel.

Daqui a 6 meses, 1 ano ou 2, você vai olhar para trás e concluir: "meu presente foi construído ontem".

O ontem do futuro é hoje. Mãos à obra que a decisão foi sua. Agora, vá até o fim. Vitória é uma questão de persistência.

Um dia cheio de fidelidade para todos nós!

35

A vida pede passagem. A vida pede massagem.

É preciso ter foco. Eu sei. Você sabe. O mundo sabe. Mas você tem?

Existem milhões de obstáculos entre você e o seu alvo. Correto? Correto. Por isso o foco. São várias fases no concurso, são várias revisões, são milhões de abdicações. Concordo. Mas quando os obstáculos surgirem, diga para você mesmo: "a vida pede passagem".

Faça isso de segunda a sexta. Pode ser de segunda a sábado. Dê o seu melhor. Esforce-se como se você estivesse treinando para uma olimpíada. Para muitos, tornar-se juiz, promotor, procurador terá sabor de ouro mesmo. Mas, no domingo, descanse. E diga para você mesmo: "a vida pede massagem".

Seja tão aplicado quanto Ayrton Sena. Tão visionário quanto Steve Jobs. Tão engraçado quanto Tiririca (se é que você acha o Tiririca engraçado). Seja sério nas suas decisões. Seja leve com você mesmo. Ria de você. A pior acusação é a autoacusação. Assim, não temos defesa.

Você é concursando de segunda a sexta. É namorado nas sextas à noite e nos sábados à tarde. É filho aos domingos. É pai todos os dias. Entenda é assuma o seu papel em cada momento.

Não seja brincalhão com seus estudos. E não seja sério com seus amigos. Seja justamente o inverso. Aprenda a se comportar de acordo com a sua posição naquele exato instante.

Amigos saem para tomar chope e falar de futebol, de namoro, de planos. Não para falar de concursos. "Concursandos" falam de concurso. Percebeu a diferença?

Neste final de semana, diga para você mesmo: "a vida pede massagem". Mas na segunda-feira, anuncie ao seu coração: "a vida pede passagem".

Um bom dia para todos nós!

36
Autoestima

Autoestima é tudo.

Acredite: sua concepção de si mesmo vai determinar quem você será, ou melhor, já determina quem você é.

Sabe aquela amiga feia e gorda que está sempre namorando? O que ela tem? Autoestima. Ela se olha no espelho e enxerga os olhos da Angelina Jolie, o corpo da Isis Valverde, a elegância da Kate Middleton e o charme da Julia Roberts.

Já você, depois de ter gasto todas as suas economias para se produzir, quando está pronto(a), foca na barriga. São só 2 quilos a mais, e isso já é o suficiente para você não ter autoestima nem para conversar com aquele(a) horroroso(a) que sempre lhe manda mensagem.

Você e aquela amiga faziam 40 pontos na primeira fase. Hoje, fazem 60 pontos. Faltam 10.

Ela já se sente juíza, já fica pesquisando o preço da toga, já vai treinando a assinatura para a primeira sentença. E, por isso, ela continua animada.

Já você acha que os 10 pontos são a muralha da China, pensa que juízes são extraterrestres disfarçados na Terra e jura que, se você passar daqui a 12 anos, estará perfeito. E, por isso, você continua desanimado.

E qual a consequência? A consequência é que ela permanece estudando firme e forte até a aprovação. Já você estuda na segunda, finge na terça, chuta o balde na quarta e chora na quinta. Aí, na sexta, percebe que a semana não rendeu e fica mais desanimado ainda.

Percebeu? Autoestima é tudo.

Sinta-se o sucessor da Nancy Andrighi. Considere-se do nível de conhecimento jurídico do Fux. Argumente como o Barroso. E a oratória? Você vai dar aula para o Edilson Mougenot Bonfim.

Autoestima. Eu já considero você um vencedor. Eu já o vejo como um juiz disfarçado de concursando. E você?

Bom dia!

37
José. Sonhos. Lições. Você.

José teve um sonho: ser líder entre os seus. E ele se tornou governador do Egito. Mas, entre o sonho e a liderança, muita coisa aconteceu.

Ele foi traído.

José contou o seu sonho. E, por isso, seus irmãos o venderam como escravo. Por inveja, disseram que ele havia morrido.

> **Lição 1:** tenha cuidado ao compartilhar os seus sonhos.

Ele foi escravo.

Vendido como escravo, José entendeu sua posição naquele momento. Foi o melhor que poderia ser. O seu crescimento profissional dependia da sua dedicação.

> **Lição 2:** dedicação é fundamental para o sucesso profissional.

Ele foi preso.

A mulher de seu senhor Potifar queria que José fosse seu amante. Ele não negociou valores. Isso custou sua liberdade por um tempo. Um dia, ele colheu os frutos.

> **Lição 3:** não negocie valores. Um dia, você vai viver a lei da semeadura. Você vai colher exatamente o que tiver plantado.

Ele entendeu o sonho do Faraó.

José soube discernir o sonho de alguém. E por ter essa sensibilidade se tornou governador.

> **Lição 4:** um líder tem que compreender o sonho das outras pessoas. Um juiz tem que entender que decide o futuro de alguém. Tem que entender que pode privar a mãe do sonho de educar o filho, o jovem do sonho de ingressar na faculdade ou a empresa do sonho de se recuperar. Ele pode até promover estas privações, desde que justamente.

E você?

Para quem você tem contado os seus sonhos? Qual a sua dedicação para o seu crescimento profissional? Quais os seus valores? Você compreende os sonhos da nossa geração?

José, um exemplo. Você também pode ser um.

Um dia cheio de lições para todos nós!

38

Você

O seu dia começa à noite. Madrugada e você de pé.

É difícil. É desgastante. É a vida como ela é.

O seu filho ainda dorme. O seu cônjuge viajou.

É você. É seu sonho. É a meta que você traçou.

O seu corpo pede cama. Sua mente a cadeira.

Um café. Um livro. Uma história pra vida inteira.

A batalha teve início. É a sua caminhada.

Um degrau. Dois degraus. Sua vista está cansada.

Você não enxerga o topo. Não entende o segredo.

É a luta. É a guerra. É você contra o seu medo.

O tempo não lhe obedece. Mas ele tem direção.

Sua festa. Sua toga. Sua simples decisão.

Meu amigo magistrado. Eu assim o considero.

Venha logo. Ao seu lado, faremos o Brasil belo.

É sabido que os juristas têm um nobre mister:

Trazer paz ao nosso povo e ao povo que aqui estiver. Já você, depois de ter gasto todas as suas economias para se produzir, quando está pronto(a), foca na barriga. São só 2 quilos a mais, e isso já é o suficiente para você não ter autoestima nem para conversar com aquele(a) horroroso(a) que sempre lhe manda mensagem. Você e aquela amiga faziam 40 pontos na primeira fase. Hoje, fazem 60 pontos. Faltam 10. Ela já se sente juiza, já fica pesquisando o preço da toga, já vai treinando assinatura para primeira sentença. E, por isso, ela continua animada. Já você acha que os 10 pontos são a muralha da China, pensa que juízes são extraterrestres disfarçados na Terra e jura que, se você passar daqui a 12 anos, estará perfeito. E, por isso, você continua desanimado.

39

"É campeão"

Que história é essa de você andar assim? Cabisbaixo. Andar encolhido. Um silêncio eloquente, que grita que você está triste. Procurando a vitória?

Olhe bem! A vitória é uma chave. E ela já se encontra em suas mãos. Mas entenda: a porta fica no final da escada. Vitorioso é aquele que sobe todos os degraus. Você não vai desistir no meio do caminho, não é?

Você que já era juiz de pensamento. Tornou-se coveiro do próprio sonho? E por medo de perder, perdeu as forças? E por medo de sofrer, sofre as consequências de um sonho assassinado e vilipendiado?

Que história é essa sem sentido? Você vê o mundo progredir e você perdido?

Por se sentir menor que o seu semelhante, você resolveu se trancar no quarto. Seria só por um instante. Mas você cortou as asas da imaginação. E lançou-se na prisão. Prisioneiro de um cárcere que você mesmo construiu.

Hoje, eu, como seu amigo em potencial, impetro um Habeas Corpus. Como seu juiz natural, expeço o alvará. Como seu professor ideal, deixo um ensinamento: você é livre para ser o que quiser. O tempo é incontrolável, mas o tempo também não pode controlar você. Esqueça o tempo. Foque em seu alvo. Lembra? **#focanatoga**.

Você que voava por este mundo jurídico. Você que se via juiz. Você que ouvia o perfume da sala de audiência sussurrar em seu ouvido: "seu lugar é aqui". Cortou suas asas? Costure outras. Fechou os olhos? Abra agora. Tapou os ouvidos? Ouça bem!

Levante-se. Hoje é domingo. Hoje à noite é "réveillon". Amanhã é um novo começo. Uma nova semana. Uma nova história. É o segundo tempo desse jogo complicado e fascinante. Do jogo da vida. E você vai virar o jogo. Mesmo que seja nos pênaltis, você vai ganhar o torneio.

Vai correr para o abraço. Vai levantar o troféu. E todos vão olhar para você e dizer: "é campeão"!

Uma semana cheia de "é campeão" para todos nós! E qual a consequência? A consequência é que ela permanece estudando firme e forte até a aprovação. Já você estuda na segunda, finge na terça, chuta o balde na quarta e chora na quinta. Aí, na sexta, percebe que a semana não rendeu e fica mais desanimado ainda. Percebeu? Autoestima é tudo. Sinta-se o sucessor da Nancy Andrighi. Considere-se do nível de conhecimento jurídico do Fux. Argumente como o Barroso. E a oratória? Você vai dar aula para o Edilson Mougenot Bonfim. Autoestima. Eu já considero você um vencedor. Eu já o vejo como um juiz disfarçado de concursando. E você? Bom dia!

40
Um dia. Eu. Você.

Um dia tudo muda. Em algum momento, o carro que era de brinquedo vira de verdade. O terno que era de casamento vira uniforme. A menina que era de passar tempo vira esposa. Um dia, a gente nem percebe e tudo se transforma.

Você que acordava com o café da manhã pronto, descobre para que serve a geladeira. Pior, descobre que a mesa do café não era obra do além. Era obra de alguém. E esse alguém agora tem que ser você.

Um dia, você que só fazia a conta do tempo que levava entre a sua casa e a casa do seu amigo, descobre o que é a conta de luz, de água, do condomínio, da escola, do curso, da vida...

Um dia, tudo muda.

Comigo foi assim. Comigo é assim.

Aos 17 anos, eu mudei de estudante de ensino médio para estudante universitário. Aos 22, de universitário para delegado. Aos 25, de delegado para juiz.

E entenda: eu não dormi delegado e acordei juiz. Eu já era juiz há anos.

Um dia, eu assumi o cargo. Muitos anos antes, eu já vinha tomando posse.

E o que isso significa? Significa atitude.

Tomar posse por antecipação é acreditar. É ter a certeza de que você vai chegar aonde quiser. Em simples palavras, é ter fé.

Isso. Basta insistir. Pouquíssimas pessoas insistem. Ir para biblioteca na segunda de manhã todo mundo vai. Quero ver ir na sexta à noite. Quero ver agüentar até o final. Quem aguenta até o final vira o líder da casa. Lembrou do BBB? Esqueça. Melhor lembrar da TV Justiça. Vida de concurseiro é assim... Rs.

Quanto a mim, eu tenho milhares de sonhos. Muitos mesmo. E eu vou atrás de cada um deles. Por quê? Porque "vouloir c'est pouvoir". Ou, em bom português, "querer é poder".

E você? Já escreveu seu sonho na parede do seu quarto? Já fixou até quando você vai passar? Já malhou bíceps com seu vademecum hoje?

Você é o juiz de amanhã. Basta insistir. Vencerá o persistente.

Por fim, grave no seu coração e na sua mente: "Vouloir c'est pouvoir".

Um bom dia!

41

Já pensou? Eu. Você.

Já pensou em como vai ser quando tudo isso passar? Quando você acordar e ir para academia sem a pressão dos estudos? Quando você puder ter outros planos e muitos planos que hoje estão mudos?

Já pensou no dia da sua aprovação? No momento da divulgação do resultado da prova oral? De você ligando apenas para uma pessoa da sua família (ela vai se encarregar de espalhar para o mundo)?

Alguns momentos da vida são marcantes. Você sempre se lembrará em qual local estava quando aquilo aconteceu. Lembra de onde você estava quando saiu o resultado do vestibular? E, nos atentados de 11 de setembro, onde você estava quando soube da notícia?

No dia do resultado da minha prova oral, eu estava na sala de TV com minha família quando recebi um e-mail. Nós, candidatos, havíamos formado um grupo de estudos para a prova oral. No domingo, último dia de arguições, o último candidato a ser arguido recebeu a informação da banca: "vocês foram aprovados".

Ele, então, mandou um e-mail para o grupo, que começava assim: "Nobres Magistrados..." E assim, foi que eu recebi a notícia, e essa foi a primeira vez que fui chamado de magistrado. E foi de arrepiar.

Um dia, vai ser você. Um dia, você vai sair de casa para tirar as medidas. Tirar as medidas da toga. Vai sair para encomendar as mudanças, afinal, muito provavelmente, você vai para o interior. Um dia, um amigo de infância vai se encontrar com você e perguntar: "rapaz, o que você faz da vida?" E sua resposta vai ser: "eu sou juiz". E vai ser de arrepiar.

Acredite: você vai ganhar essa queda de braço com o seu problema. Olhe bem nos olhos dele e diga: "comigo não".

Por fim, não fuja da guerra. Como disse a Ministra Carmen Lúcia em artigo publicado no Correio Braziliense: "a vida não perdoa dissidentes". Não seja um deles.

Um dia cheio de "comigo não" para todos nós!

42

No dia em que você pensar em desistir. Amor. Seu "filho".

Você acorda decidido. Chega dessa vida de concurseiro! É hora viver! Pega as malas. Coloca tudo sobre a cama e vê. Vê que sua bagagem toda é feita de livros. Procura os seus documentos e só encontra as suas anotações de cursinho. E as anotações do colega que lhe emprestou as folhas pra tirar xerox.

Você desce as escadas agitado. Sem querer, esbarra na vizinha. E ela? Ela o xinga dos mais variados nomes. E você? Você a ouve e pensa: "isso é injúria... Ação penal privada... Prazo decadencial de 6 meses... Indenização por danos morais... Mero dissabor da vida em sociedade". Mas você a ignora. Perdão tácito. E continua...

Vai ao carro. E, no banco de trás, aquele Vade Mecum todo riscado, mas novo. Deste ano mesmo. Desgastado pelo uso, e não pelo tempo, como todo Vade Mecum de um estudioso do Direito deve ser.

Você liga o carro e decide ouvir uma música. Quando liga o som, ouve o CD daquela aula gravada.

No caminho para a casa dos seus pais, um buraco na rua. Você, sortudo como sempre, passa em cima. E já começa a culpar a prefeitura.... Pensa no IPVA que você paga. E... Opa, opa, opa! Você, automaticamente, se corrige: "IPVA é do Estado, anta! E não do município... Imposto é tributo não vinculado..." Blá, blá, blá...

Você chega ao prédio dos seus pais e uma outra vizinha "linda" está usando a sua vaga na garagem. Exatamente a SUA vaga. Aí, você já vai confabulando: "reintegração de posse... Desforço imediato... Vizinha de uma..." Sem injúrias, por favor.

Nessa hora, cai a ficha. E no cair da ficha, você se levanta. Você, em um piscar de olhos, percebe o que era perceptível "ictu oculi". Não adianta sair de casa. O Direito já mora dentro de você. Ser juiz é um sonho. E sonhos são difíceis de matar. Você pode até tentar, mas essa tal semente é forte.... Bem forte...

Em uma das passagens mais tristes do "Livro do desassossego" de Fernando pessoa, o pseudônimo diz: "fui gênio mais que nos sonhos e menos que na vida. A minha tragédia é esta. Fui o corredor que caiu quase na meta, sendo até aí o primeiro".

Você não vai cair quase na meta. Você tem que desistir de desistir.

Um dia o sonho nasceu dentro de você. Fazer o que? O "filho" é seu! Agora, você vai ter que cuidar.... Seu irmão quis ser médico, seu primo engenheiro... E daí? Cada um que cuide da sua "criança". E você cuidará da sua. Ame o direito. Ame a profissão que você escolheu. Ame a vida. O amor torna tudo mais belo. Tudo mais simples.

Um pai passa a noite acordado com o filho no hospital sem sentir sono. Por quê? Porque o amor torna o sacrifício pequeno. E é difícil dormir enquanto o filho não está bem.

E você? Cuide do seu "filho". Se for preciso, passe uma noite de "plantão". Se for necessário, abdique da cerveja com os amigos na quarta para alimentar seu "filho". Seu sonho merece mais da sua atenção.

O seu sonho diz para você todos os dias uma frase que os franceses adoram: "Qui cherche, trouve". Ou em bom português: "quem procura acha".

Está na hora de você procurá-lo.

Um final de semana cheio da certeza de que "qui cherche, trouve"!

43

Procura-se autoestima. Paga-se recompensa. Valor: inestimável.

Você acorda de manhã, olha para o espelho, e se acha gordo. Olha de novo e conclui que está ficando careca. Na terceira olhada, uma espinha na testa e.... E você é um rinoceronte em forma de gente.

Senta para estudar. Pega aquele livro de questões comentadas e começa. Acerta uma, acerta duas.... Acerta oitenta por cento das questões, mas erra duas. Erra exatamente aquelas duas da matéria que você estudou ontem. Aí, você se acha burro. Muito burro. Um burro em forma de gente.

No mesmo dia (porque tragédia pouca é bobagem), sai o resultado da primeira fase e você ficou por uma. Não fosse isso, sai a correção daquela rodada de sentenças e você foi mal. Liga o computador para ler o seu resumo de ontem, mas descobre que você não salvou as anotações. Aí, pronto. Burro? Burro é pouco. Você se acha uma anta. Uma anta em forma de gente.

Computador ligado e, como o dia não é para estudos, você resolve abrir o facebook. No seu feedback de notícias, vem a bomba. Sua ex está em um relacionamento sério com alguém. Com quem??? Você sente aquela pontada no peito e, claro, vai conferir quem é. Clica no perfil dela e vê. Vê que o atual namorado é gordo, careca e tem espinha. "Deve ser rico. Só pode". Ele tem que ser melhor do que você. Afinal, você é um rinoceronte, um burro e uma anta fantasiados de ser humano.

Reparou? Falta alguma coisa? Falta autoestima.

Nesta fase de prestar concursos, é natural que a autoestima fique mais vulnerável. Eu converso todos os dias com pessoas que estão passando por isso. Eu já passei por isso. E qual a melhor forma de tirar a tristeza dos ombros? É não fazer uma análise emocionada de si mesmo. É entender que, assim como todas as fases da sua vida, essa também vai passar. E... E pronto.

Quer uma dica? Minta para você mesmo. Minta de cara lavada. Olhe para o espelho de manhã e se sinta o Leonardo DiCaprio em "Titanic". Repare melhor: não seria o Daniel Craig em "007 - Casino Royale"? Pode ser....

Sentou para estudar? Sai Brad Pitt, entra Ruy Barbosa. E no facebook? Ela está namorando? Normal. Ela se contenta com pouco. E você? Você está em dúvida. Muita dúvida. Não sabe se namora a Deborah Secco ou a Ísis Valverde. Relaxe: eu também ficaria. Um dia, você decide e muda o seu status na rede social. Mas avisa o cardiologista da sua ex antes. Ela vai precisar.

Um dia de autoestima em alta para todos nós!

44

Olhei. Eu. Você. Fantasias. Próximo Capítulo.

Um dia desses, eu olhei para trás e vi. Vi que valeu o sacrifício. Valeu cada festa abdicada. Cada final de semana em casa. Cada não namoro que vivi. Muitos por falta de atenção. Alguns por falta de compreensão. É que a menina não entendia que a "menina" dos meus olhos, naqueles dias, era a Justiça. E tinha que ser assim.

Eu olhei para trás e vi. Vi que sacrifício pouco é bobagem. Que a experiência eu trago na bagagem. E que a lágrima é a melhor forma de regar a semente. Vi que o sonho mora no coração da gente. E lembrei que "coração é terra que ninguém nunca pisou", como disse o Min. Carlos Ayres Britto em um voto.

Um dia, você vai olhar para trás e chegar a essa conclusão. E vai ser no dia em que você estiver no caminho do fórum, da promotoria, da procuradoria.... Aliás, você nem percebe, mas você já está no caminho. É que o caminho é mais longo do que o mundo pensa. E mais curto do que você imagina.

Entro na casa da minha irmã. Dez minutos depois, meu sobrinho de 5 anos chega de terno da escola. Eu olho sorrindo para ele e pergunto: "De terno? Por quê?". Minha irmã me responde: "Hoje era o dia de ir fantasiado de alguém da família. Ele foi de tio Samer". E ele diz: "Fui de juiz".

Nesse dia, eu olhei para frente. Olhei exatamente para minha frente e vi. Vi que tudo que eu passei valeu a pena. Que a vida é cheia de coisas pequenas. E que são essas coisas pequenas que nos fazem bem. Conclui: nós precisamos ser instrumentos para uma geração inteira se "fantasiar" do que quiser.

Um dia, vai ser o seu filho, o seu sobrinho, o seu irmão. Vai ser o filho da sua empregada, o estagiário do fórum, a secretária do escritório. Você vai inspirar o mundo à sua volta.

Chega de ficar triste na rua, na casa, na faculdade. Chega de choro escondido no banheiro, de desespero debaixo do chuveiro e de música deprimente no carro. É hora de trocar de roupa. Tirar as vestes da desesperança e trajar a beca da sua vitória.

Se a sua toga ainda é imaginária, relaxe: no próximo capítulo, ela vai se materializar. Em um passe de mágicas? Nada. Em um passar do tempo. Só é preciso continuar assistindo à novela. Não desligue o filme. O final é feliz. E entenda: "se o final não é feliz, é porque ainda não é o final".

Que essa semana seja um maravilhoso capítulo
na vida de todos nós!

45

Segunda-feira. O que realmente importa. A virada.

Bom dia! Acordou com sono, não é? É. Jurou descansar no final de semana, mas nada.... Acontece. Tudo bem. Passou. Agora, preste atenção, porque "agora é sério". Aliás...

Segunda-feira é o dia universal do "agora é sério". Agora é sério que você vai fazer regime. Agora é sério que você vai estudar. Agora é sério que você vai mudar de vida. Ótimo! Isso vai acontecer.

Segunda-feira é o dia da eleição. Eleição? É. É o dia de eleger as prioridades desta semana. E quais são? Simples. São aquelas que podem mudar a sua vida. Parta de um princípio: dê importância para aquilo que realmente importa. E o resto? O resto, geralmente, é bobagem.

Se João passou no concurso ou não, isso não importa. Não muda nada para você. Se Maria disse que você vai demorar uns 10 anos para passar, isso não faz diferença. Maria não faz parte da banca (ainda bem). Se o dólar está subindo e a bolsa descendo, neste momento (e apenas neste momento), isso não pode ser uma prioridade no seu sonho. É hora da eleição da sua vida particular.

Eleja as matérias que você vai enfrentar nesta semana. Eleja os exercícios que você vai fazer. Eleja os informativos que você vai ler. Isto importa? Claro. Isso muda a sua vida.

Você é candidato ao cargo de juiz, promotor, procurador... E candidato tem que fazer campanha. No caso de concurso, você "conquista votos" na biblioteca. Cada capítulo de Direito Empresarial, é um voto. Cada posicionamento do STF, indica uma melhora nas "pesquisas". Cada dispositivo legal compreendido, é uma aliança para o segundo turno. No seu caso, para a segunda fase do concurso.

Quando você vencer, muitas pessoas não vão entender. Alguns vão lhe perguntar: "quando foi que veio a virada?" E você vai dizer "veio na segunda-feira". Afinal de contas, segunda-feira é o dia da virada.

Segunda-feira é o dia da virada da página 100 para a página 101 do livro do Tartuce. Verdade. Falta muito, não é? É. Mas de tanto carregar esse "tijolo", você vai construir a sua casa. Sabe por quê? Porque qualquer mansão começa com um tijolo. Não está satisfeito com sua "casa" atual? Relaxe. Você vai mudar de local. Sua próxima moradia vai ser no fórum. E, na frente da sua casa, estará escrito "gabinete". Afinal de contas, você merece.

Uma semana cheia de eleições inteligentes
para todos nós!

46

"Estou velho"

Ouço isso todos os dias.

"Estou velho". "Preciso passar logo". "Quero ter filhos". "Tenho que começar a viver".

Se você já foi o autor de alguma das frases acima, leia o texto abaixo.

A vida passa. Passa e passa como um espetáculo. Vem, causa toda aquela admiração e depois acaba. Depois vai embora. Simples assim. E foi assim com Nelson Mandela, com Ariano Suassuna, com Eduardo Campos. E vai ser assim com você.

Outro dia, era você jogando vôlei na quadra da escola. Era a sua turma chutando a garrafa de Coca-Cola, como se fosse bola, na hora do recreio. Era o medo de ficar de recuperação assombrando a sua cama. Era o seu cofrinho sendo quebrado para você comprar figurinhas do álbum da copa (se bem que você comprou neste ano também, não é?).

Saio para jantar na sexta-feira. Chego ao restaurante e, na mesa da frente, um casal. O homem tinha uns 70 anos. A mulher, uns 65 (acho). Tomavam um... um... um espumante. Um espumante??? Isso mesmo. Não era Coca-Cola, água tônica, suco de laranja natural sem açúcar. Não era água com gás. Não era nada disso. Era um espumante. Na mesa dos amantes, um couvert, duas garrafas de água e o bendito espumante.

Eu, curioso como SEMPRE, olhava para a mesa ao lado de tempos em tempos. Impressionava-me aquele maduro casal tão jovem! Tão jovem! Eles conversavam muito. Eram risadas do tipo "não vejo você há anos, mas somos amigos". Sabe? Então, mas eles não eram amigos. Ou melhor, não eram apenas amigos. Eles eram um casal.

Como eu sei? Foram embora de mãos dadas. Reparei. E você não sai de mãos dadas com uma amiga (que é só amiga), não é? Espero que não. Seria quebra da boa-fé objetiva. Seria a quebra da legítima expectativa que você gerou na moça. Um autêntico "venire contra factum proprium".

E aí? E aí que eu me lembrei de você. Também refleti sobre a minha pessoa (claro). Mas me lembrei de você dizendo: "Tenho 30 anos, quero me casar, quero ter filhos, quero viver...".

Pensei: imagine que você seja aprovado daqui a 02 anos. Isso. Parece muito? Pense. Daqui a 02 anos, você será juiz, promotor, procurador, defensor, astronauta.... Você será o que você quiser.

Continue a conta. Se você tem 30, aos 32 anos, você se tornará o que você sempre sonhou. E aí? E aí que, pelo avanço da medicina e pela melhora da qualidade de vida, você vai ter mais uns 50 ou 60 anos de jantarzinhos às sextas, regados a espumante e enriquecidos com risadas sem explicação.

E aí, você ainda se acha velho para continuar estudando?

Como um bom "matemático da vida", me responda: Compensa? Compensa deixar de ir para balada na quinta-feira durante dois anos? Compensa deixar de fazer viagens longas durante este período? Compensa o sacrifício de acordar às 6 horas neste tempo?

Lembre-se. Depois serão 60, 50, 40 ou 30 anos para você gritar: "Deu certo, po$%¨#!" (Sejamos comedidos no texto. Na vida real, complete a frase).

Então acorde aí! Se faltavam 02 anos ontem, hoje, não faltam mais. Agora faltam apenas 729 dias. E eles vão passar. Lembra do espetáculo? Pois é... É hora do show! E você é o ator principal. Só você pode estrelar esse filme.

Coloque o cronômetro para funcionar. Estamos em contagem regressiva. Veja: é a sua vitória chegando!

Um dia cheio de "espetáculos" para todos nós!

47

Inimigo. Você. Duas lições.

Davi foi rei. A história de Davi, pelo menos em parte, você conhece. Você sabe que Davi venceu. Venceu o gigante Golias. E venceu outros "gigantes" que surgiram em sua vida. Talvez, o que você não saiba é que Davi sofreu uma derrota. Uma vez, ele perdeu.

A maior derrota da vida de Davi foi para... para... para si mesmo. Isso. O inimigo que conseguiu derrotar Davi um dia foi ele próprio. Foi a sua própria vontade. Um dia, Davi não controlou seus desejos. Certa vez, ele não superou suas fraquezas. E aí? E aí, Davi plantou sem pensar. E então, Davi colheu com pesar. Perdeu o filho. Comprometeu a família.

Primeira lição: o seu maior inimigo pode ser você mesmo.

Concorda? Não? Então repare: é você que se envenena. É você que come sem parar e, depois de 10 minutos, se arrepende de ter comido tanto. É você que fala sem pensar e, depois de 1 minuto, se constrange por ter falado aquilo. É você que, sabendo que tem que estudar, dorme mais um tempo, conversa mais um pouco, viaja mais um dia.... E aí? E aí, vai embora a sua semana e você nem percebe. E o programa que você tinha montado? Que programa? Já esqueceu...

É você que não pode deixar de sentir o sabor do chope na quarta-feira. É bom, não é? É, mas não dá para comparar com o sabor da vitória. Com o sabor da aprovação. Uma dica? Deixe o chope de lado durante a semana. Substitua 10 tulipas por 50 exercícios de primeira fase. O Resultado? Você vai tomar posse mais rápido e mais magro.

Mas você não só se envenena. Você se boicota. Antes de qualquer "desmatador" de árvores de sonhos chegar à sua floresta, você mesmo se encarrega de derrubar esse sonho. É você quem diz: "Juiz? Isso é para gênio. Eu só quero estabilidade". Engano. Você confunde estabilidade com mediocridade. E quem sai perdendo? Você mesmo.

Perceba: você, que tinha que zelar por essa árvore, já que colherá os frutos, passa a ser o maior destruidor da planta. Qual o motivo? Medo. Medo de sofrer. Medo de perder.

Segunda lição: o seu medo não vai levar você a lugar algum. No máximo, ele vai manter você na mesma posição em que você se encontra.

Admita: com medo ou sem medo, você vai sofrer em algum momento. É natural. Com medo ou sem medo, você vai perder alguns confrontos. É aprendizado. Coloque o medo de lado. E seja o maior investidor dos seus sonhos.

No final das contas, a vida é feita de sonhos. Caso contrário, a vida é feita de quê? Ótimo! Concordamos! Mas, e o medo? Faz parte. Somos humanos. Mas somos, também, mais do que vencedores.

Um dia cheio de vitórias! E não se esqueça: se for preciso, vença, inclusive, você mesmo!

48

Pessoas a se evitar

Algumas pessoas fazem mal à saúde. Quatro delas, definitivamente, são nocivas. Elas deveriam andar com uma advertência do Ministério da Saúde: "a persistir a convivência, procure o médico". Ou melhor, o psicólogo, o psiquiatra e a benzedeira. Pessoas que colocam você pra baixo. Isso. Gente que pisa na sua autoestima. E olha que ela nem anda tão alta assim...

Chega de papo. Segue a lista destas quatro pessoas:

1. O concurseiro maníaco.

O cara fica das 07h às 22h45min na biblioteca. Você olha para ele e, realmente, acredita na vida após a morte. Ele está morto, mas esqueceram de enterrar. Cabelo bagunçado (de quem acordou e não tomou banho), óculos escorregando no nariz oleoso e um copo de 500 ml de café. Afaste-se. Ele é um perigo.

Um dia ele se aproxima. E você, achando que é a chance de conhecer o Eros Grau do futuro, resolve fazer amizade. O "defunto vivo" lhe conta que estuda 14 horas por dia. Nem precisava. Afirma que os concursos estão ficando impossíveis. Você concorda. E, pra terminar, o "concurseiro maníaco" lhe mostra, no iPhone, as questões mais difíceis do concurso do MPF.

Nesse momento, você fica mais desesperado do que menino perdido no shopping sem a mãe. Na sua testa está escrito: SOCORRO.

Só faltou o seu novo "amigo" dizer: bem-vindo ao time. Que time? O dos "concurseiros maníacos". Como integrá-lo? Basta fazer as contas: "ele estuda 14 horas e acha que vai passar em 2 anos. Eu estudo 5 horas.... Então.... Meu pai! Vou vender água gelada no sinal!". Bom, a depender da temperatura dos últimos dias, pode ser um ótimo negócio.

2. O delegado com espírito de Miriam Leitão.

O sujeito pesquisa sua vida mais do que o Google. É obsessão. Só pode! Sai a lista de aprovados e, antes de procurar o nome dele, ele procura o seu. É paixão. É doentio!

Você conversa por 5 minutos com o rapaz e ele já incorpora o investigador. Começa o interrogatório (sem contraditório). Ele quer saber em quantos concursos você já passou na primeira fase. Se você trabalha. Quem o sustenta. Se você é casado, solteiro, "amigado" (pode ter rolado um interesse aí). Qual a próxima prova que você vai fazer.... Chega!

Esse monte de perguntas já incomoda. Mas o pior mesmo são os comentários. Baixa a Miriam Leitão no indivíduo e, a cada dado, ele solta uma frase sobre o impacto na sua "economia" e na sua "sociedade familiar".

Você diz que seus pais o sustentam. Ele solta: "eu entendo. Mas é difícil dar essa despesa pra família nessa idade". Você diz que nunca passou em uma primeira fase. Ele sussurra um "aí é complicado. Meu primo demorou 6 anos para passar na primeira etapa".

Aí, você conta que está solteiro. E ele vem com um "nesse momento, impossível namorar. Só quando passar. É seca mesmo!". Por fim, quando você diz que vai prestar magistratura do TJDFT, ele traz a cereja do bolo: "Você é doido? No último, só passaram 7! É perda de tempo e de dinheiro". Pronto. Nesse momento, você pega seus livros e vai embora. Sentindo-se como? Sentindo-se o David Luiz depois da derrota para Alemanha.

3. A tia conselheira.

Todo mundo tem uma tia assim. Alguém que é profissional em resolver o problema dos outros, mas não resolve os dela. Gente que ama você tanto que quer que você sonhe pequeno. Por quê? Porque, segundo ela, você vai sofrer.

Você vai a um almoço de família. O olhar da "tia conselheira" persegue a sua pessoa. Na hora da sobremesa, ela solta um: "come menos, querido(a), você tá bem gordinho(a)". Como essa frase gera ódio! Dá vontade de pegar aquela mesma faca que você está usando para cortar o bolo e mandar direto no.... Calma! Mas confesso: parece que você ganha 03 quilos naquele segundo. A frase é "engordativa". Eu cheguei a essa conclusão depois de anos de experiência.

Sobre concurso, ela acha que o certame de juiz termina em um mês. Só pode. Todo mês ela pergunta se você já passou. Explica para a infeliz que demora um ano. Fala para ela perguntar para você todo dia 31 de dezembro. Aí, se você não tiver passado, beba no réveillon e esqueça a pergunta maldita.

4. O amigo pessimista.

Duas verdades. Primeira: ele é seu amigo. Segunda: ele é mais pessimista do que o "concurseiro maníaco".

A diferença entre ele e "concurseiro maníaco" é simples: este acha que passa em 2 anos. Aquele tem certeza de que não vai passar nunca.

E seu amigo é convincente. Ele traz números. Quantidade de inscritos. Candidatos por vaga. Ponto de corte. Idade dos aprovados...

Uma dica? Apague esses números da mente. Eu nunca, mas NUNCA mesmo, olhei para isso. É bobagem. Não existe concorrência. É você contra você. Um dia você passa sem nunca ter se dado conta do número de inscritos. Sem saber quantos candidatos por vaga havia. Sem ter noção da idade média dos aprovados.

O que fazer em relação ao seu amigo? Encontre-o uma vez por mês até você passar. Nesse dia, prepare-se psicologicamente para o pessimismo. Faça diferente: seja tão otimista que ele se sentirá estimulado por você. Influencie. Não seja influenciado.

Por fim, hoje é domingo. É dia de conversar com um grande amigo: Jesus. Ele, sim, você não deve evitar.

Ótima semana para todos nós!

49

Cansei

Se dissesse algo diferente, estaria mentindo.

Cansei. Cansei física e mentalmente. Cansei tão incondicionalmente, que nem quero descansar. Quero mudar.

São contas e mais contas pra fazer. E eu não sou engenheiro. Não sou físico. Não sou matemático. Eu? Eu só sou mais um lunático. Doido para ver esse tanto de gente infeliz sorrir de novo. Doido para ver esse povo doído ser um povo doido. Os loucos são mais legais.

Você é louco.

Você. Você canta sem saber a letra. Inventa no meio a rima. Você o tempo todo desafina. E acha que cantou gostoso. Cantou nada. Mas vá lá.... Cante de novo! Porque "quem canta os males espanta". E eu e você somos um povo louco.

Por que a gente tem que sofrer? Por que a gente bate o carro? Por que a tragédia tem que acontecer? Por que a gente reprova? Por que existe prova? Deve ser para gente aprender.

Por que o amor acaba? Por que a paixão apaga? Por que ela some do nada? Deve ser para gente crescer.

Logo eu, que jurei nunca cansar, cansei. Cansei de ser o mesmo. E acordei. Acordei diferente. Como se eu fosse outra pessoa. Isso. Outra gente.

Liguei o carro como o Aírton Senna. Coloquei os óculos como Vinicius de Moraes em Ipanema. E, no caminho, eu cantei.

Cantei Leandro e Leonardo, como se eu nunca tivesse saído de Goiás. Ô vontade de voltar atrás. Voltei.

Abri o notebook como se estivesse abrindo o pacote de passatempo no recreio. Depois fechei o computador, confesso, com receio. Com receio de um amigo pedir uma "bolacha". Vai pra lá!

Peguei a minha pasta como se fosse a mochila da escola. E carreguei como carregava, naquela hora. A hora em que o sinal tocava. Eu doido para chegar em casa. Só para comer aquela... feijoada.

Voltei no tempo. Quem foi que disse que eu não podia voltar? Não podia. Agora posso. E voltei. Escrevi uma carta de amor para minha amada. Depois de cinco minutos, guardei a carta como quem sonha. Depois de dez, joguei fora de vergonha. Faltou-me coragem. Eu sei. Assim como me faltava aos 16.

Corri na rua. Corri no parque. Ignorei a academia, como sempre tinha ignorado. Quase assisti "malhação". Faltou-me tempo. Estava "ocupado". Preferi jogar videogame. Passei de fase. "Zerei" a fita. E me deitei.

Agora, vou dormir. Leio um capítulo da bíblia como sempre lia (e leio, e lerei). Fecho os olhos. Ou melhor, vou fechar os olhos.

Dormir? Daqui umas duas horas. Antes disso, eu preciso me ver presidente da república, vocalista do u2, ator da Globo e namorado daquela atriz da "malhação". O nome dela? Hum.... Não sei. Vou chamar de .... Alguma sugestão?

E amanhã? Amanhã, vou acordar juiz de novo. E daí? Vou ser juiz, mas não vou ser bobo. Afinal, amanhã tudo é novo. É a oportunidade de ser feliz. De ser feliz com o meu dever. De lutar para vencer. E de vencer mais essa fase do jogo. Qual jogo? O jogo da vida. Na vida, ou a gente se reinventa, ou a gente não aguenta. A mesmice é torturante.

E você? Já sabe como vai acordar amanhã? Só não vale acordar como você acordou hoje. Afinal, eu cansei. Você cansou. Nós cansamos. Nós somos um povo. Lunáticos. Mas é melhor ser louco do que ser mais um "sem graça" por aí...

Uma noite e um dia cheio de loucuras
para todos nós!

50

Tempo. Nós dois. Música.

Quanto vale o seu tempo?

Dez anos mais tarde. Em algum lugar do Brasil (ou do mundo) nós nos encontramos. Eu e você. Pode ser em um congresso. Talvez em um resort (empurrando os carrinhos dos nossos filhos). Quem sabe na fila do Subway? Eu não gosto de McDonald's. Chance zero da gente se encontrar lá.

Pode ser em Aspen (cruze os dedos), em Roma (continue com os dedos cruzados) ou passando uma temporada em Mônaco (ganhamos a mega-sena). Enfim, pode ser em qualquer lugar.

Cumprimentamo-nos. Papo vai, papo vem... Falamos de tudo e de nada. Sabe aquelas conversas de viagem? Exatamente uma dessas. Falamos sobre a vida, sobre a família, sobre as dificuldades do Direito...

Tudo bem. Mas pare por um instante. Responda para você mesmo agora: quem é você daqui a 10 anos?

Feche os olhos por 30 segundos e se imagine daqui a uma década. Depois responda: casado ou solteiro? Com filhos ou sem? Advogado, juiz, promotor? Quem é você daqui a 10 anos?

Imaginou? Então, pronto. Eu sempre faço isso também.

Eu sempre me imagino daqui a 10 anos. Qual a consequência? Isso torna as adversidades do presente bem menores. Isso torna as decisões de agora mais coerentes. As forças são inegavelmente renovadas.

Mas isso não impede ninguém de ser feliz hoje. Pelo contrário. Felicidade é estilo de vida. Você pode ir para a biblioteca cantando ou reclamando. Você pode fazer exercícios aos sábados no parque, tomando água de coco, ou passando calor no seu quarto. Enfim, você pode.

Grave: você pode.

É que, a maneira com que você vai subir as escadas, é você quem decide. Uma dica: suba cantando.

Suba cantando, em voz alta, uma música do Capital Inicial, do Legião Urbana.... Pode ser aquele hino da igreja.... Ou então, suba cantando, EM PENSAMENTO, Justin Bieber, Miley Cyrus ou "show das poderosas"... Suba feliz.

Quer inspiração? Estude hoje. Eu espero você daqui a 10 anos em Aspen para esquiarmos.

Um dia cheio de música para todos nós!

51
Um dia tudo passa. Saudade.

Um dia, tudo isso vai passar. Acredite, você vai sentir saudades.

Em algum momento, seus amigos de cursinho serão juízes, promotores ou defensores em diferentes Estados da Federação. Cada um de vocês irá para algum lugar. Talvez lugares distantes. E vai bater à sua porta um sentimento: saudade.

Um dia, você vai para o interior. Você vai ser titular em alguma comarca de 10 mil habitantes (no máximo). Semáforo? Nenhum. Shopping? Daqui uns 40 anos. E, hoje, você jura que vai ser feliz mesmo assim, não é? Concordo. Você vai ser. Você já é. Mas, acredite, em muitas quartas-feiras, você vai querer cinema, shopping, evolução. E, em muitas quintas-feiras, chegarão e-mails da corregedoria com a seguinte frase: Excelentíssimo Juiz, Vossa Excelência foi designado para o plantão deste final de semana.

Saudades.

Um dia, você vai sentir falta dos papos no momento do lanche. Dos cafés de hora em hora na biblioteca. Das amizades feitas nas viagens para prestar concurso. De tantas coisas boas que acontecem com você agora e você nem percebe. Um dia, a gente dá valor.

Sua mãe o pressiona? É chato, não é? Pode ser. Mas, em algum momento, essa mãe que sempre lhe chama a atenção, vai deixar de chamar. E você vai sentir falta. Muita falta. Um dia, você vai acordar e o seu desejo mais profundo será ouvir a voz da sua mãe. E não vai ser possível. Por quê? Porque a lei da vida inclui a morte. E o tempo passa...

Um dia, você vai sair de casa. Alguém vai chorar. Um dia, os seus filhos vão sair de casa. Vai ser a sua vez de chorar. É a lei. É a vida. É a vontade Divina: tudo passará.

Portanto, não fique abatido. Não seja egoísta. Seja menos vaidoso. Em verdade, você pode ser alguém melhor, mais justo, mais compromissado, mais vitorioso.

Você já é juiz. O que falta? Falta o tempo passar. Talvez falte fidelidade também.

Seja fiel. Cumplicidade não tem preço. Confiança quebrada não tem volta (na maioria das vezes).

Ame o Direito. Ame as pessoas. Ame você. Seja grato a Deus pela oportunidade de estudar. E aproveite! E acredite!

Uma sexta-feira cheia de saudade, amor e fé!

**uma homenagem à minha amiga Vanessa, que perdeu a mãe no dia de ontem.*

52

Você pode mais

Eu sei. Você já ouviu isso antes. Você já ouviu isso de outras pessoas. Mas você já ouviu isso de você mesmo? Diga: "eu posso mais".

O Brasil passou por uma eleição. Venceu a vontade da maioria.

Mas e você? E a eleição da sua vida? Na eleição da sua vida, não pode existir maioria. A vitória tem que ser por unanimidade.

O seu corpo, a sua mente, a sua alma e o seu espírito devem votar no mesmo sentido. Devem seguir o voto do relator. E espero eu que o relator seja o seu coração.

Não deseje o seu corpo o deleitar-se, se sua alma pede o crescimento. Não procure a sua mente a mentira, se o seu coração anseia pela verdade.

Não seja você uma contradição. Não seja um voto nulo. Não seja um voto em branco nesta história que é só sua. Não seja mais um indeciso em meio à multidão.

Você pode mais. A eleição no país passou. A eleição na sua vida nunca vai passar.

Você vai eleger com quem você ficar. E mesmo que pareça que não. E mesmo que pareça ter sido você o eleito. Não se engane. Em verdade, quem elegeu esta pessoa foi você.

Foi você que decidiu ficar com este alguém. Foi você que decidiu parar de procurar. Foi você que decidiu casar. Foi você que decidiu. A eleição foi sua.

Foi você que decidiu fazer direito. Foi você que decidiu fazer concurso. Foi você que decidiu ser juiz, promotor, procurador.... Ser o que for. Foi você que decidiu.

Não adianta arrumar desculpa. Não adianta colocar a culpa em outros "eleitores". Na sua vida, quem elege é você.

Neste "país" continental que é o seu coração, você é o presidente. E você vai colher nesta terra o que plantar.

Cansado de semear? Cansativa de verdade é a frustração da não colheita. Então, semeie.

Você pode mais. Você pode o amor. Você pode a dor. Você pode a reconstrução da imagem que faz de si mesmo. Você pode ser alguém incrível. Todo dia nasce trazendo uma nova chance.

Por fim, viva, entenda que: viver é muito diferente de sobreviver.

Um dia cheio de vida para todos nós!

53

Simplifique. Dicas de estudo. Dicas para a vida.

Tudo é mais simples, mais fácil e mais rápido.

Estudar nunca foi tão acessível. Concorda? Você resolve questões pelo iPhone, escuta aulas no carro e compra livros digitais (nem precisa esperar chegar à livraria).

Passar em um concurso nunca foi tão fácil. Calma! Não jogue a primeira pedra. Pense melhor. Nunca foram abertos tantos concursos. Nunca houve tantas opções. Passagens aéreas nunca foram tão baratas. Há vagas suficientes para todos. Concorrência? Só uma: você contra você.

Simplifique.

Fixe uma carga horária diária e uma semanal para os estudos.

Faça escolhas inteligentes.

Se você trabalha 8 horas por dia, por favor, não compre o tratado de Pontes de Miranda para estudar Direito Civil. Compre sinopses, manuais simples ou livros descomplicados.

Respeite suas limitações.

Em nenhuma hipótese, estude mais do que 9 horas por dia. Ainda que você não trabalhe. Acredite, passar dessa carga horária não é saudável. Um dia, seu corpo cobra a conta.

Preocupe-se com o primeiro degrau.

Eu vejo pessoas prestando a primeira fase preocupadas com a prova oral. Não faça isso. Simplifique. Uma etapa de cada vez. Em 4 meses você se prepara para a primeira fase. Em 2 meses, para a discursiva. Em 3 meses, para a prova oral.

Seja disciplinado.

De cada 10 pessoas que eu acompanho, 09 não são completamente disciplinadas. Isso é uma boa notícia! Se você for disciplinado, você vai conseguir chegar lá. Em resumo: muita gente sabe o que tem que fazer, mas pouca gente faz o que tem que ser feito.

Não existem gênios.

Aliás, existem. Mas são mais raros do que você imagina. 99% dos aprovados são produtos de muito esforço, disciplina e superação.

Seja otimista.

No final das contas, todos estão certos: os pessimistas, realmente, fracassam e os otimistas, inevitavelmente, vencem.

Nunca desista de nada e de ninguém.

Nem de você. Milagres acontecem todos os dias.

Por fim, quando Deus perguntou a Salomão o que ele gostaria de receber, a resposta foi: sabedoria. Seja sábio. Daqui a 10 anos, você vai ver a diferença que essa escolha vai fazer na sua vida.

Um dia cheio de simplificações para todos nós!

54
O amor

Amar é agir. Qualquer coisa diferente disso não é amor. Falar de amor é descrever... Gestos.

Amor é o pai que carrega o filho nas costas a caminho da escola. E, anos mais tarde, amor é o filho que carrega o pai no colo a caminho do hospital.

Amor é a flor entregue sem motivo em plena quarta-feira. E carros, joias e viagens mais tarde, o amor continua sendo a flor entregue sem motivo em plena quarta-feira.

O amor não evita o cansaço. Ele evita a descrença. É muito diferente. Quem passa a noite com o filho no hospital, sai de lá cansado. Mas, ainda assim, sai de lá crendo na cura. O amor é otimista.

O amor não dispensa as lágrimas. E, ao amor, pouco importa se elas provêm de tristeza ou de alegria. Ao amor, interessa apenas que elas sejam honestas. Se não forem honestas, não é amor.

Amor é, depois de ter sido reprovado doze vezes no mesmo concurso, prestar mais um. Por quê? Porque ser juiz não é status. É missão. E missão dada é missão cumprida.

O amor é sacrificante. O maior sinal de amor foi um sacrifício. Um sacrifico feito há uns dois mil anos. Se não há sacrifício, não é amor.

O amor torna tudo pequeno. Tudo superável. O amor é, na maioria dos casos, a única chave da superação.

É por amor que a mulher perdoa o marido pela milésima vez. E é por ter acabado o amor que ela põe fim ao casamento. O divórcio não acaba com o casamento. Ele é apenas a certidão de óbito de um casamento que morreu há tempos.

O amor é um mágico. O amor transforma a ofensa em combustível. Transforma o estudo em prazer. Transforma a provação em estilingue, que vai levar você para muito mais longe.

O amor transforma você em um vencedor. Não pela vaidade de vencer. Mas porque vencer faz parte de toda história de amor.

Um dia cheio de amor para todos nós!

55

De repente. Coisas da vida. Ensinamentos.

De repente, você perde o controle.

Ou melhor. De repente, você percebe que você nunca teve o controle.

De uma hora para outra, a mulher que você achou que seria sua se casa. Só que com outra pessoa...

Em um piscar de olhos, o concurso que você achou que seria o seu passa e você... E você não passa.

De repente, um exame de farmácia anuncia: você será pai. E tudo.... Absolutamente, tudo muda...

Dizem que um rei teria pedido que escrevessem, em sua coroa, algo capaz de deixá-lo feliz e triste ao mesmo tempo. Escreveram: "tudo passa".

Tudo passa. Tudo muda.

A vida prega peças. Aceite. É dela. Sempre foi assim. Sempre vai ser assim.

É o acaso de caso pensado. São as coincidências da comédia terrena. É a ironia do cotidiano.

Você sempre sai de casa arrumado. No dia em que você decide ir ao supermercado com aquela camiseta furada das eleições de 2006, sua ex aparece com um engravatado, comprando um espumante.

Como vergonha pouca é bobagem, você dá de cara com os dois, enquanto segura um pacote de todinho.... Vai explicar? Esqueça. Inês é morta. Em minutos, a sua foto de camiseta furada segurando um todinho estará em todos os grupos de WhatsApp.

Você nunca viaja. Na terça-feira, você cria coragem e emite os bilhetes para 15 dias em Miami. Na quarta-feira, sai o edital do concurso de juiz do seu estado.

E agora? E agora é a hora de mostrar o que é mais importante para você. É o seu futuro profissional? Então cancele a viagem! Miami continuará lá no ano que vem.

Seja sábio. Aprenda. Tenha fé.

Em cada peça, a vida traz uma lição. Em cada ironia, um ensinamento. São recados fundamentais.

No caso da mulher que você achou que seria sua, a mensagem da vida é: "eu tenho alguém que combina mais com você".

No caso do concurso que você não passou, a vida avisa: "o seu tempo não é o meu tempo".

No caso da viagem cancelada, ela diz: "eu requeiro sacrifícios. Eles lhe fazem bem. É no sofrimento que o homem cresce".

No caso do encontro com a ex no supermercado, a vida aconselha: "Seja humilde. Fique tranquilo. O mundo dá voltas. Afinal de contas, tudo passa".

Uma semana cheia de ensinamentos para todos nós!

56

O país não é sério. É triste, mas é verdade. E a verdade é triste.

Chego para fazer audiência hoje. Audiências marcadas a cada 20 minutos. Mas elas duram, em média, 40 minutos. Então, qual a razão para marcá-las a cada 20? Simples, quando chegar a vez da próxima, as partes e testemunhas já estarão presentes.

Fossem duas audiências, tudo bem. Mas são oito e o efeito é cascata.

Do lado de fora aguarda uma mulher para ser ouvida. Ela traz no colo uma criança. Audiência marcada para 15h20min. Ela será ouvida às... às... às 18 horas. Falta de noção? Não. Falta de respeito mesmo.

Diante do absurdo, decido redesignar uma das audiências. Entre as testemunhas, um senhor de exatos 67 anos (perguntei a idade), vem falar comigo. Conte-me que a esposa dele está internada na UTI. Penso: AVC, infarto, pneumonia.... Não! Vítima de um atropelamento causado por um motorista embriagado às 3 horas da manhã de sábado, quando ela voltava para casa depois de trabalhar como copeira em uma festa. O motorista? Nem sinal... E ela? Ela, nem hospital... Teve que "entrar na justiça" para ser internada.

Mas Seu José (nome fictício) estava feliz. Feliz porque o primeiro nome que ela havia chamado no dia de ontem, quando retiraram os sedativos, foi o dele. "Ah, Doutor, faz 40 anos que a gente tá junto, né? E a gente nunca separou! Quero ver se chego na hora da visita. Foi a enfermeira que me disse que ela chamou meu nome ontem" Eu respondi: "Sinal de que ela ainda é apaixonada no senhor! ". Ele deu um sorriso tímido, pegou o papel com a data da nova audiência e se foi.... Foi para o hospital. Foi de ônibus ou de mototáxi. Táxi é caro.

Pergunto à secretária qual o motivo de serem marcadas todas as audiências assim. Ela me diz: "Doutor, é o costume". É o costume.... É o costume do desrespeito. É a vitória do medo. O sujeito chamado a depor teme se exaltar diante da flagrante desconsideração e sair dali, ou melhor, sair daqui preso. É a escravidão da ignorância. Quanta injustiça na casa da Justiça!

57
Três lições

Sábado, e você na biblioteca. Domingo, e você na prova. Segunda a sexta, e você no malabarismo, tentando equilibrar família, trabalho e estudos. Não pode ser em vão.

Esse seu choro por debaixo dos panos (ou por debaixo dos guarda-napos), esse seu coração apertado e essa rasteira da vida não podem ser só chão. Tem que ter aprendizado.

Nem a solidão prolongada pode ser só solidão. Tem que ter um tal de apaixonar-se por si mesmo. Tem que ter um prazer de conhecer-se de verdade.

Primeira lição: nada acontece em sua vida em vão. Esteja atento. Aprenda com tudo e com todos.

Sonhar.

Eu sei.... As circunstâncias não contribuem. É tiroteio por todos os lados e você armado com um estilete. E aí? E aí você comete um "so-nhicídio"? Você mata o próprio sonho e põe a culpa nos outros. Você responsabiliza o mundo.

Não é culpa de ninguém.

Não é culpa da educação que seus pais lhe deram. Você pode se educar daqui para frente.

Não é culpa do negócio que não deu certo. Sempre haverá espaço para boas ideias.

Não é culpa do concurso em que você foi reprovado por pouco. Novos concursos surgirão.

Segunda lição: chame a responsabilidade para si mesmo. Vencedores sempre fizeram isso. Vencedores sempre farão isso.

As pessoas passam e a história precisa de novos atores.

Novos Napoleões hão de surgir. Novos Ruis Barbosas encantarão outros formandos da USP. Jovens Márcios Thomazes Bastos convencerão julgadores. E inusitados Carlos Ayres Brittos hão de ser poetas por trás das togas.

Pergunta: por que não você?

Última lição: desligue o chuveiro da mediocridade. Vista as roupas de um grande projeto. Seja o protagonista da própria história.

Um final de semana com lições para todos nós!

58

A gramática da vida. Ou melhor. A gramática da sua vida.

A gramática da vida é mais simples, mais sabia e mais eficiente do que a dos livros.

No português da vida, toda frase que se preze tem sujeito e predicado. E, de preferência, sujeito composto.

É que... «Eu vou a Roma» é uma boa frase. Mas... «Eu e você vamos a Roma» é muito melhor! Na vida, uma boa companhia é imprescindível.

Na gramática do cotidiano, o pretérito tem que ser perfeito! O que aconteceu no passado ficou lá! Nada de começar os seus dias com "eu podia ter passado", "eu sabia a resposta", "eu me enganava na faculdade"... O tempo não volta. Aprenda com o que aconteceu. Olhe para frente.

Na gramática da vida, o futuro só pode ser o futuro do presente. Frases do tipo "eu gostaria de ser juiz" devem ser riscadas do seu vocabulário. Substitua por "eu serei juiz". E você será.

O que o português chama de "futuro do presente", a bíblia chama de "fé" e o Direito de "direito adquirido". Você tem o "direito adquirido" de ser quem você quiser. A liberdade foi conquistada há anos. Não seja escravo das suas próprias fraquezas.

A gramática da vida traz vida para a gramática. Por quê? Porque há poder em nossas palavras. Sempre acontece aquilo que nós repetimos que vai acontecer.... Então escolha bem suas repetições!

Escreva suas metas no quarto, no caderno, na bolsa. Escreva na testa, no braço.... Mas escreva principalmente no pulmão. Tem gente que respira o sonho. Seja um deles.

A gramática da vida exige repetição. Você não aprende a conjugar todos os verbos em um dia. Você não fica forte em uma semana na academia. Você não vira juiz em um mês. Persista.

Vencer demanda tempo. Concordo. Mas ser feliz não. A frase "eu sou feliz" deve vir no presente. Quem é apenas circunstancialmente feliz, na realidade, não é feliz. Só está alegre. É bem diferente. Alegria depende do momento, do acontecimento, do outro. É um sentimento que começa de fora para dentro. Felicidade é de dentro para fora.

Por fim, na sua vida, conjugue o verbo no modo imperativo. Olhe para você mesmo e diga: Continue! Persista! Sorria!

Afinal de contas, você é o que você acha que você é!

Um dia cheio da gramática da vida para todos nós!

59

Dezembro. Três lições.

Segunda-feira, 01 de dezembro de 2014. Primeiro do último. Primeiro dia do último mês do ano.

Em algum momento deste mês, você, sem perceber, "dará à luz" àqueles papeizinhos com as metas para 2015.

E você, em uma amnésia deliberada, escreverá os alvos de sempre, como se nunca os tivesse escrito: enriquecer, emagrecer, viajar para qualquer lugar que exija 8 horas de avião, passar no concurso, passar de ano na faculdade (isso é meta?), correr a meia maratona do Rio (isso é meta!) .... Blá, blá, blá...

Eu sei. Fixar metas é importante. Ou melhor, é fundamental. Mas calma aí! Antes de escrever seus alvos, pare um pouco. Faça um.... Faça um.... Faça um balanço. Isso. Antes de olhar para 2015, olhe para 2014.

Em um arrombo de inteligência, vá ao estabelecimento chamado "sua vida", abaixe as "portas" e faça o "balanço" do que lhe aconteceu neste ano.

Perceba. É olhando para 2014 que você vai estabelecer metas factíveis para 2015. Sabe por quê? Porque algumas metas que você fixou para este ano eram incompatíveis entre si. E só refletindo você perceberá isso.

Por exemplo, não dá para ter 6 por cento de gordura no corpo e estudar para ser juiz. Não dá! O chocolate depois do almoço é "conditio sine qua non" para a aprovação.

Primeira lição: em 2015, fixe metas coerentes entre si.

A primeira lição vai ajudá-lo a evitar várias frustrações no próximo ano. Várias. Mas não todas. Algumas serão inevitáveis.

Segunda lição: decepcionar-se faz parte da vida. Sempre fará.

Olhando para 2014, você vai perceber que não dá para estudar 12 horas por dia, ir à igreja 4 vezes por semana, fazer da academia o seu segundo lar (o primeiro é a biblioteca), ter sessões quinzenais no terapeuta (você vai precisar) e ser feliz. Tudo ao mesmo tempo não dá.

Terceira lição: Ser feliz exige tempo livre.

Por fim, reserve 1 hora nesta semana para o seu "balanço". Depois, comece a planejar.

Um dezembro cheio de reflexões e planejamentos para todos nós!

60

Aquiles. Você. Feridas ou choque de realidade?

Diz a mitologia grega que Aquiles, após ser banhado no Rio Estige tornou-se invencível. Narra a lenda que o único ponto vulnerável em seu corpo era o seu calcanhar, que não fora tocado pelas águas do Rio. E foi justamente no calcanhar de Aquiles, que lançaram a flecha envenenada...

Você não é Aquiles. Ferir-se é comum. Sentir-se ferido é inevitável.

Machucaram você. Isso acontece. O autor do "crime" é pessoa próxima. Isso é o que mais acontece. E por dois motivos: um bom e um ruim.

O motivo ruim.

O motivo ruim é o gosto pela "flecha envenenada". É a vontade de diminuir o seu par, a fim de sentir-se maior. É a insegurança de si mesmo que exige o humilhar do outro, para que ambos sejam igualmente inseguros.

Apenas o seu próximo pode fazer isso. Só quem conhece Aquiles sabe que sua derrota está em seu calcanhar. Só quem conhece você sabe onde está a sua ferida, o seu ponto fraco.

E o seu ponto fraco pode se chamar profissão (ou não ter profissão), casamento (ou a falta dele), família (ou a desestrutura familiar). Todo mundo tem o seu...

O que fazer? Contra o veneno, há um antídoto. Nome? Autoestima. É fundamental. Veneno? Que veneno? Nem percebi...

O motivo bom.

O motivo bom é o desejo de quem o ama de acordá-lo para o mundo. Às vezes, aquilo, que você chama de "ferida", a vida chama de "choque de realidade", de verdade nua e crua dita na sua cara. Mesmo nas coisas mais simples...

O colega do trabalho não vai lhe dizer que seu bafo requer medida protetiva: 200 metros de afastamento. Só sua mãe para fazer isso. Aí, você se sente "ferido"...

O seu conhecido de biblioteca não vai lhe dizer que essas 2 horas de estudo e 6 horas de conversa vazia são enganação. Seu irmão vai. E você grita que é ofensa, ódio, ferida.

Isso não é ferida. Isso é chacoalhada. Não é veneno. É remédio. Deixe ele surtir efeito...

Por fim, precisamos aprender a diferenciar "feridas" de "choques de realidade". No primeiro caso, tomemos "autoestima". No segundo, tomemos vergonha mesmo.

Um ótimo final de semana!

61

Cotidiano. Você. Duas lições.

Você acorda, olha para o lado e confere. Tudo certo com o iPhone. Levanta e vai ao banheiro (se você for uma pessoa normal). Toma banho (se você for uma pessoa higiênica). Veste a roupa (se você for uma pessoa no gozo das suas faculdades mentais) e se dirige à cozinha.

Abre a geladeira e deseja o bombom furtado no casamento de sábado (aplicação prática do princípio da insignificância). Abre a consciência e substitui o doce por uma maçã. Toma uma água. Come mais alguma coisa e sai (ou senta).

Você sai (ou senta) para fazer as mesmas coisas de sempre. Essas coisas que você faz há um, dois, dez anos... E você já se cansou...

O cotidiano é entediante. Acredite, em qualquer profissão. Fazer a mesma coisa todos os dias cansa. Mesmo a rainha Elizabeth já deve ter acordado um dia desejando ser qualquer outra coisa. Menos rainha. A mesmice mata.

Há dias em que você quer chutar o balde. Eu sei...

Estudar para concurso é penoso. Concordo. Quem diz que cortar cebola faz o sujeito chorar não conhece o livro do Flávio Tartuce. Seis meses depois e faltam 840 páginas para o fim. Chorar é inevitável.

Só que você quer mudança. E é preciso mudar. É preciso! Mas para fazermos o que gostamos precisamos, antes, fazer o que não gostamos. E durante um bom tempo.... É a lei da semeadura.

Você só colhe o que plantou. Caso contrário, não há honestidade em sua vida. Até quem ganhou na mega-sena jogou uma semente de R$ 2,50. Tudo bem que a semente era transgênica. Mas era uma semente. Semeie.

Por fim, tenha metas claras. Imaginar-se daqui a 05 anos é fundamental. Sabe por quê? Porque é o sonho de dias melhores, de obras maiores e de vidas mais confortáveis que nos anima a prosseguir.

Lição um: sem novos projetos, é impossível enfrentar o cotidiano. Tenha novos planos sempre.

Lição dois: Alimente os seus planos. Invista nos seus projetos. Você vai viver deles no amanhã.

Um ótimo dia!

62
O estudo. Você.

O conhecimento é a principal fonte de liberdade e de respeito neste mundo. Sempre foi. Sempre será.

Foi pelo estudo que um faxineiro do TRE se tornou o presidente do Supremo Tribunal Federal. E foi pela falta de estudo que um filho de um milionário levou o pai à ruína.

Foi pela sabedoria que Salomão se tornou o rei mais admirado do mundo. E foi pela falta de sabedoria que Esaú trocou a primogenitura por um prato de lentilhas.

Foi pelo iluminismo, pelo desabrochar de ideias, que nasceu a liberdade na França. E foi pela escuridão, pela ignorância, que a paquistanesa Malala foi vítima de um tiro ao sair da escola.

É pelo estudo que as pessoas aprendem a votar. E é pela falta de estudo que elas vendem o voto como se fosse um bom «negócio» condenar o futuro por qualquer dinheiro presente.

O que é o livro? O livro é o combustível essencial de uma revolução positiva. Em qualquer país. Em qualquer lugar. Em qualquer pessoa. Inclusive, em você.

Quem é você? Você é o motor da mudança que a sua família espera. Você é o orgulho nos lábios da sua mãe, quando ela fala de dedicação. Você é a inspiração nos olhos do seu filho, quando ele fala de força. Você é o suspiro no peito da sua mulher, quando ela fala de amor.

Você é a esperança de tempos melhores. É um potencial a ser explorado. Explore o seu potencial. Explore-o ao máximo.

Compreenda. Esse seu sacrifício diário é semente. Aceite. É tempo de semear. Acredite. Haverá o tempo de colher.

E você colherá. Você colherá o sorriso emocionado da sua mulher, o choro eufórico da sua mãe, a frase encantadora do seu filho, que dirá: "quero ser como o meu pai".

A educação pode levá-lo aos andares mais altos deste mundo. Confie nela. Ela sempre foi fiel aos seus fiéis. E sempre será.

Por fim, como disse Mario Quintana, "livros não mudam o mundo. Quem muda o mundo são as pessoas. Os livros só mudam as pessoas".

Desejo a você um domingo, uma semana e uma vida apaixonada pelos estudos!

63
A matemática da vida

Um dia desses, escrevi sobre a gramática. Mas, hoje, inspirado em outra disciplina da mesma vida, falo da matemática. Fique tranquilo. Supere o trauma...

A matemática da vida é mais complexa, menos coerente e muito mais abusada que a dos livros.

Se nos livros, um mais um é sempre dois. Na vida, não tente fazer essa conta. Um mais um pode ser um, dois ou uma multidão.

Os mais óbvios vão dizer que um casal apaixonado é uma pessoa só (1+1=1). Discordo. Desconfio. Desconfio de casais que sempre pensam da mesma forma. Sempre têm a mesma opinião sobre tudo. Tendo a crer que um dos dois deixou de pensar. E se a máxima é "penso, logo existo", um dos dois deixou de existir.

Perceba. É no debate de ideias que as pessoas crescem. E um casal deve concordar ao final da conversa, e não ao início. Caso contrário, a conta é 1+0=1. Um dos dois se anulou.

Na matemática da vida, 2 anos de cursinho vezes 5 horas de estudo por dia não é igual a ser juiz.

É que na vida, diferentemente dos livros, a ordem dos fatores altera o produto. Você, mesmo estando preparado, pode começar a prova pela questão mais difícil. E aí, perder tempo, equilíbrio e perder a chance de passar naquele teste...

É... Na vida, a ordem dos fatores altera o resultado. Você chama isso de falta de sorte. A vida chama isso de «mais à frente». E «mais à frente», você vai entender.

É que a matemática da vida é conchavada com o destino. E ela altera a ordem dos fatores para que você tenha o resultado que a vida planejou para você, e não o que você planejou para a vida.

Você pode desejar Antônia e a vida querer vê-lo com Maria. Aí, você faz todos os cálculos para conquistar Antônia, mas "a conta não fecha". Nessa hora, a vida sussurra um "mais à frente". "Mais à frente", Maria surge em sua vida e toda a "matemática" faz sentido.

Há quem tenha prestado 10 vezes o concurso do Ministério Público. Nunca passou. No dia em que prestou o da Magistratura, foi aprovado. E o que é isso? Isso é o tal do destino puxando a pessoa para o lugar dela. É o tal do "mais à frente" explicando hoje o inexplicável de ontem.

Por fim, não seja tolo. É necessário fazer contas. Faça. Coloque os fatores sobre a mesa. Mas esteja certo. A vida vai mudar algumas ordens e vai levar você a resultados inimagináveis.

Um dia cheio da matemática
da vida para todos nós!

64

Fases. Momentos. Cenas ridículas.

Fases são diferentes de momentos. Não confunda. Elas são mais longas. Eles, mais curtos...

Às vezes, é difícil do indivíduo perceber em que FASE ele está. E aí, de duas uma: ou a ficha cai ou quem cai é ele. Cai no ridículo...

Poucas coisas são mais lamentáveis do que um adolescente na boate (entrou com carteira falsa), estourando um champanhe e "pagando" de playboy.

Eu disse "poucas coisas". Há duas piores.

Uma é o tiozão na balada, fazendo gingados com os ombros, piscando para a menina de 18 e "pagando" de playboy. A outra é o próprio playboy.

Tudo tem sua fase.

Existe a fase de reunir a turma no Burger King. Anos mais tarde, a turma (cruze os dedos) vai se reunir no Fasano.

Você está em uma fase. Aceite. Curta. Aproveite. É fase de "concurseiro"? É. E daí? "Dá licença que eu tô lutando pelo meu sonho".

E não se esqueça: toda fase passa. Daqui uns dias, vai ser você o juiz que motiva os novos estudantes. Como? Basta não perder o foco.

Momentos são diferentes. São "coisas" de dia, de horas, de minutos...

Há dias em quem você chega no cursinho, encosta na máquina de café, e toma no estilo "pinguço de boteco de quinta". Em outros, você incorpora George Clooney com a Nespresso e se imagina casando em Veneza. Faz parte. Viva o seu momento.

Momento é acordar sentindo-se o mais burro dos mortais e dormir com o ego em alta (depois de receber a seguinte mensagem: "saudade"). Momento é chorar e é rir. É chorar de rir.

Abrace os seus livros. E agradeça a Deus por essa fase. É um privilégio estudar. Se estiver em dúvida, pergunte a quem não estudou.

Por fim, a vida é feita de momentos, e não de fases. Descubra em que fase você está e desfrute de todos os momentos dela.

Um final de semana cheio de ótimos momentos para todos nós!

65
Prazeres e sacrifícios. Causas e consequências.

A vida é feita de sacrifícios e de prazeres. Eu sei. Você sabe. Newton também sabia.

O que a gente se esquece (mas Newton não se esqueceu) é que a vida é igualmente feita de causas e consequências. É a tal "lei da ação e reação".

O sacrifício que você experimenta hoje pode ser a consequência de um prazer do passado ou pode ser a causa de um prazer do futuro. Percebe?

Perceba no amor. É o sacrifício de ser fiel que produz o prazer da cumplicidade. E é o prazer da traição que sacrifica o casamento.

Perceba na religião. Foi o sacrifício da cruz que trouxe o prazer da vida eterna. E foi o prazer de 30 moedas de prata que trouxe o sacrificante sentimento de amargura a Judas.

Perceba nos estudos. É o sacrifício da biblioteca que produz o bom profissional. E é o prazer das festas e do baralho na faculdade que gera a decepção depois de formado.

Capte: o que você planta é "causa". Você escolhe. Compreenda: o que você colhe é "consequência". Você nunca escolherá.

Não seja imediatista. O pequeno prazer de hoje pode lhe custar um sacrifício enorme no amanhã.

Mas não se sinta, nas palavras de Fernando Pessoa, "o eleito da dor". Viva com prazer mesmo no sacrifício. Como perguntou Erasmo de Rotterdam, em O Elogio da Loucura: "o que é a vida se suprimis seus prazeres? Merece ela então o nome de vida?"

Seja equilibrado.

Por fim, parodiando Vinicius de Moraes, os masoquistas que me perdoem, mas prazer é fundamental...

66

O poder da mente

Há um poder na mente. Ninguém é capaz de explicá-lo. Mas todos admitem sua existência.

Convicções tornam você mais forte. Contradições tornam você mais fraco. Tudo na vida depende. Depende do quão convicto você está de que o caminho é este. Do quão certo você está de que a vitória é sua.

Como disse Erasmo de Rotterdam, "o mal só é mal para quem o sente. Que te importa se todos te vaiam e tu mesmo te aplaudes?"

O que você tem feito com você mesmo? Você se aplaude ou você se vaia? No teatro da sua vida, quando você é plateia de si mesmo, qual a sua impressão?

Quando você é juiz de si mesmo, qual a sua sentença? Você se condena? E se você se condena, a sentença é justa? Se sim, é hora de mudar de atitude. Se não, é hora de mudar de pensamento.

Há um poder na mente. É a convicção de que saúde significa qualidade de vida que transforma hábitos alimentares e estilos de vida.

É a consciência de que fidelidade é um bem, e não um mal, que consolida casamentos.

Alguém acredita que o amor morre em anos. Outrem acredita que o amor dura a vida inteira. Quem está certo? Os dois. Por quê? Porque este é o poder da mente.

Revolucione a sua forma de pensar a vida. Transforme o seu jeito de pensar você. Você é o que você acha que você é.

Enxergue-se como um derrotado. E você será. Enxergue-se como um vencedor e você vencerá.

Em 2015, trace metas. Cumpra todas. Torne-se um vencedor por antecipação. Isto não se chama prepotência. Isto se chama "poder da mente".

Bom domingo!

67

Conselhos. Conceitos. Você em 2015.

Alguns conceitos na vida são muito importantes. Mas também, muito confundidos. Siga os conselhos. Aprenda os conceitos.

Conselho 1: Tenha amor próprio.

Entenda: amor próprio não é egoísmo. Egoísmo é só pensar em você. Amor próprio é pensar também em você. Valorize-se. Valorize a sua companhia.

Que, em 2015, você valorize o seu tempo, os seus projetos, o seu corpo e o seu espírito. E que você faça isso sem se esquecer das pessoas.

Conselho 2: Seja humilde.

Humildade não é autocomiseração. Humildade é ter a consciência de que você pode cair. Autocomiseração é enxergar-se como um caído. Levante-se.

Que, no próximo ano, você seja humilde no coração e ousado na mente. E que você nunca tenha pena de si mesmo!

Conselho 3: Seja disciplinado.

Mas não confunda! Disciplina e desespero são coisas diferentes. Bem diferentes! Desespero é acordar e estudar 14 horas. Disciplina é acordar e estudar 6 horas, de segunda a sábado, durante o ano inteiro.

Em 2015, torne-se um exemplo de disciplina. Esqueça o significado de desespero.

Último conselho: Tenha fé.

Fé não é ficar sentado esperando o milagre. O nome disso é preguiça. Fé é subir as escadas, tendo a certeza de que, lá em cima, Deus vai abrir a porta.

E lembre-se: foi pela fé que Davi enfrentou Golias. Gigantes sempre existiram. Gigantes sempre existirão. Só pela fé você vai vencer os seus.

Que, em 2015, você seja uma pessoa melhor do que em 2014! A vida pede evolução.

68
Tente.

Tente mais uma vez. Tente só por pirraça, só por vaidade, só por desencargo de coincidência. Tente só porque você sempre foi teimoso e vai ser novamente.

Tente.

Tente só porque tentar é sua única escolha, sua única saída, sua única opção. Isso. Tente por falta de opção.

Tente por esporte, por prazer, pelo risco. Tente só porque o não você já tem. Mas tente.

Um dia, esse tal cupido acerta a mira. Em algum momento, você acerta a prova (no conhecimento ou no chute mesmo). Uma hora, as coisas se encaixam. E você? E você percebe que a caixa é muito maior e muito mais bela do que você imagina.

Um dia, de tanto você cair na área, o juiz da vida marca um pênalti. E você faz o gol e vira o jogo. E aí? E aí, você entende que foi a sua queda prévia que o conduziu à vitória.

A aprovação em qualquer prova importante é difícil. Mas, sem tentar, a aprovação é impossível. Não tentar é reprovar-se por antecipação.

Dê mais uma chance ao seu projeto. Dê mais uma oportunidade àquilo que inquieta a sua alma. Por quê? Porque só a morte separa o corpo da alma. Ela sempre estará lá “incomodando” o seu corpo. É você instigando você.

Seja poeta. Escreva os versos da sua vida com emoção. Seja profeta. Profetize um futuro brilhante para você.

As palavras têm poder. Sempre tiveram. Sempre terão.

Uma semana de novas tentativas para todos nós!

69

Para viver um bom 2015...

Para viver um bom 2015 é preciso se desprender. Não comece o ano revoltado. Comece o ano renovado. É muito diferente. O revoltado empunha uma arma. O renovado empunha uma alma. Gente com alma é mais gente.

Para viver um bom 2015 é preciso uma dose de coragem. Enfrentar antigos medos. Aceitar novos desejos. E é preciso dar a cara a tapa. Mas sem se esquecer que face avermelhada (pela vergonha ou pelo tapa) é só cara e o importante mesmo é o coração.

Para viver um bom 2015 volte a cantar no chuveiro. Tire a velha guitarra do guarda-roupa. Sorria para as pessoas no sinal fechado. Seja ridículo um dia inteiro. E ria das besteiras que fizer...

Para viver um bom 2015 é preciso tirar os sonhos da gaveta. E jogar fora as "muletas" do coração. Deixe-o caminhar sozinho. Mas só até encontrar outro coração companheiro. Um coração disposto a dividir o chuveiro. Um coração disposto a somar.

Para viver um bom 2015, é preciso amar como se não houvesse 2016. E como se 2015 fosse apenas uma vez. E a verdade é que é....

Para viver um bom ano novo, traga livros. E trague livros. Isso. "Fume" cada capítulo. E sinta a sensação que só a cultura traz. É a "liberdade pra dentro da cabeça".

Para viver um bom 2015 é preciso ser feliz. E ser feliz não é meta. Ser feliz é certa. É certa forma de viver a vida.

Por fim, para viver um bom 2015, não comece o ano com o pé direito. Comece com o corpo inteiro. Agora, é para valer! Feliz ano novo!

70

Cenas do crime. Em 2015...

Sábado, 27 de dezembro de 2014. Último sábado do ano. De uma semana para cá, você tem ficado "levemente" mais "pesado".

É que esta mistura de confraternização de noite com churrasco de dia deixa rastros.

Na cena do crime (seu corpo), já há sinais do delito (pneuzinhos). Esse crime gastronômico (vinho + jantar + doce + sobras de ontem no café da manhã de hoje) deixa vestígios. Inevitável. Aproveite. Ano que vem você cumpre a pena (dieta).

Nesse momento, a sua pessoa já fez a retrospectiva de 2014. Amores (não) vividos, projetos (não) cumpridos e dinheiro (não) investido. Relaxe. 2014 já foi (praticamente). Mãos à obra que 2015 é virgem!

Em 2015...

Estude mais.

Estude sempre. Fixe metas mensais. Cargas horárias semanais. Resolva questões diariamente. Leia. Leia. Leia muito.

Tenha um caso de amor com a Regina Helena Costa. Namore a Maria Helena Diniz. Case-se com a Di Pietro.

"O conhecimento é uma chama na floresta. Quanto mais você tiver, mais você vai perceber o quanto a floresta é grande". Ignorantes acham que sabem muito. Sábios acham que sabem muito pouco. Faça parte desse último grupo.

Em 2015...

Mude sua vida. Pratique exercícios. Pratique mais exercícios. Corra. Corra na rua. Vá mais ao parque que à academia. Tome mais água de coco que whey protein. Tenha uma alimentação saudável.

Ame. Ame todos. Não ame tudo. Tenha princípios e valores inegociáveis. Seja sério com seus projetos. Seja doce consigo mesmo. E seja doce com os outros. Gente rabugenta não dá para engolir.

Por fim, em 2015, ore. Ore por você. Ore pela sua família. Ore pelos seus sonhos. A fé moverá montanhas em seu favor.

Um ótimo final de semana para todos nós!

71

Estresse e cansaço. 2 reflexões.

Há uma sutil diferença entre o estresse e o cansaço. Sutil, mas fundamental.

Você acorda às 05 horas da manhã para uma viagem internacional. Viaja 12 horas até o destino. Desarruma as malas no quarto. Tudo isso gera cansaço. Mas não gera estresse.

Agora, você acorda às 05 horas da manhã para a mesma viagem. Chega ao aeroporto e descobre que o seu voo foi cancelado e que o próximo será daqui a 6 horas. Desembarca e percebe que sua mala foi extraviada. Isso gera... Gera... Gera estresse (além de cansaço).

Eis a definição do psiquiatra Flávio Gikovate: "estresse significa uma reação física para enfrentar situações de ameaça, portanto, quando o ser humano vivia na selva também tinha estresse... Estresse é ameaça. Sobrecarga cansa, mas não estressa".

Você anda cansado ou estressado?

Perceba a diferença. O estresse faz você perder o sono. O cansaço faz você perder a vergonha... E qualquer cadeira de cursinho vira colchão king size para você "desmaiar".

Se você estiver cansado, uma noite bem dormida resolverá o problema. Se você estiver estressado, é hora de refletir.

> **Reflexão 1:** seu estresse não muda o mundo. Muda você. E, geralmente, muda você para pior.

O estresse tira a sua concentração. Esse seu medo do que a vida lhe reserva no amanhã não muda a "reserva" que ela fez. Essa ameaça que você sente apenas tira a sua paz. Tira o seu foco. Tira os seus pés do acelerador da vida e você não avança...

Portanto, permita o cansaço. Evite o estresse.

> **Reflexão 2:** mas o estresse é inevitável. Existia desde o "tempo das cavernas". Sempre existirá. O que fazer? Mude sua forma de ver a vida. Vença o estresse assim.

Está chegando uma prova? Isso é motivo de alegria. Imagine se não houvesse prova. Você não teria chance alguma de ser aprovado. Agora, você tem.

Encare os desafios como oportunidades. Veja as provas da vida como portas. Passe por elas e sinta o prazer de ser testado.

72

Paris. Você. Seu senso de mundo.

Levante-se. Levante-se desta cadeira. Isso. Leia este texto em pé.

No dia de ontem, dois homens se levantaram em Paris. Um para segurar uma arma. O outro para segurar uma caneta. Um se levantou para matar. O outro, infelizmente, para morrer.

Que homem é capaz de conhecer o seu próprio destino? Quem é hábil a narrar o seu peculiar amanhã? A quem é dado profetizar de si mesmo e sobre si mesmo?

O homem é pó. E ao pó voltará. Sempre foi assim. Sempre será assim.

Ontem foi um dia triste. E merece, pelo menos, duas reflexões.

> **Reflexão número 1.** Você se emocionou? Se a resposta for negativa, ligue um alerta. Talvez falte em você um senso de mundo.

Não apenas pela morte de 12 pessoas (o que já seria motivo suficiente). Mas pelo simbolismo que o fato traz. Pelo ataque à liberdade de expressão. Pelo avanço do fanatismo. Pela irracionalidade dominando um animal racional.

É hora de você deixar de ser plateia nesse mundo. Deixar de ser plateia no seu mundo.

O seu alvo para 2015, a cadeira que você busca e a posição que você almeja não podem estar dissociados de um desejo de mudança da história da sua família. Do seu país. Do seu planeta. Motivos nobres tornam o homem mais forte.

> **Reflexão número 2.** Uma coisa é não saber o seu destino. Outra coisa é não saber o seu caminho.

Os jornalistas que morreram não sabiam que morreriam ontem. Mas foram trabalhar. Foram divulgar ideias. Foram fazer (acredito) o que queriam fazer.

E você? Você tem feito o que gostaria de fazer? **#jesuisCharlie**

73

O imutável

Algumas coisas parecem impossíveis de mudar. Parecem. A história insiste em mostrar o contrário.

Anos atrás, pessoas traziam outras pessoas da África. E os escravos vinham acorrentados, humilhados, subjugados. O que o mundo achava? Achava normal. Até que alguém discordou. E "água mole em pedra dura"...

Há uma antiga decisão da Suprema Corte Americana que considerou legítima a separação de lugares destinados a brancos e negros nos ônibus. Fundamento? A raça negra seria inferior e não poderia sentar-se nas mesmas cadeiras. E anos mais tarde? E anos mais tarde a cadeira mais importante dos EUA é ocupada por um negro.

O imutável muda. Sempre muda.

Na sua vida é a mesma coisa. Há situações que parecem que não vão mudar. Doenças com título de incuráveis. Indisciplinas vestidas do insuperável. Desequilíbrios emocionais constantes.

Algumas derrotas são tão recorrentes que a palavra Vitória, para você, remete à capital do Espírito Santo, e só! Algumas secas são tão prolongadas que o vocábulo chuva pertence ao português arcaico, e você nem usa mais...

Mas, neste ano, você vai usar. Por quê? Porque o imutável sempre muda. Depende de você.

Seja a pessoa mais disciplinada que você conhece. Exemplos? O ministro Luiz Fux acorda às 05:30h para treinar Jiu-Jitsu. Já o presidente do Hospital Albert Einstein, Cláudio Lottenberg, começa a malhar mais cedo: 05h. E você sofrendo por começar o dia às 07h...

Acorde mais cedo. Durma melhor. Mude sua alimentação. Estabeleça programas de estudo. Divida as matérias por mês. Supere cada uma delas. Todos os dias. De segunda a sábado. Descanse no domingo. E deixe o tempo fazer o resto.

Busque inspiração. Em que? Em tudo que tem o poder de inspirar você. Assista a palestras pelo Youtube. Leia biografias incríveis. Vá ao cinema. E ame. Com amor tudo passa a ser natural. Naturalmente feito por você, para você e em você.

Bom dia!

74
Notícia

Acabo de receber a notícia de um aluno. Ele foi aprovado nas sentenças do TJRJ. E ele não me transmitiu essa notícia com essa calma que eu transmito para vocês. Foi por telefone. Por telefone, ele me conta que está em êxtase (nem precisava). Narra que não teve coragem de ir para a sessão pública de divulgação dos resultados. Diz que o pai que foi. Que o pai ligou para ele, mas que o paizão não consegue falar direito até agora.

Do outro lado da linha eu ouço uma mãe gritando. Ela estava dando a notícia para alguém. Devia ser para a avó, para o tio, para a.... Qualquer um. Isso não importa. Importa que hoje, no estado do Rio de Janeiro, há famílias em festa.

Entro no "correioweb" e vejo. Vejo que 7 dos aprovados fizeram CP Iuris. Vejo que isso representa 20 por cento dos aprovados. E entre aqueles que se dedicaram especificamente para esse concurso (fizeram o curso específico para o TJRJ), 5 de 7 passaram, o que representa 71,4% de aprovação.

Sinceramente: em um tribunal dificílimo como o TJRJ, a gente sabe o que isso significa.

O que eu faço aqui não é propaganda. Longe disso. Honestamente, nem é preciso. Somos professores limitados pelo tempo. As vagas sempre se esgotam rapidamente porque não podemos ir além dos nossos passos, nem comprometer o exercício da magistratura.

O que eu faço aqui é um desabafo. Um grito de vitória. Do outro lado do telefone? Não. Do outro lado da tela mesmo. Grito pelos teclados! Sabe por quê? Porque, um dia, a gente teve a ideia de preparar as pessoas para concursos, especialmente, concursos da magistratura e do ministério público. Um dia, essa ideia pegou corpo.

A gente perde (ou ganha) sábado e domingo montando programas, cursos, projetos. Vale a pena? Basta acessar os sites do TJDFT, TJMG, TJPR, TJPA, TJRJ, MPMT... E você vai ver se vale a pena.

E cada resultado desse é uma injeção de ânimo!

Nós temos uma mensagem que deve ser bem compreendida pelo aluno: "Ou você está preparado para passar no concurso dos seus sonhos, ou é melhor não integrar esse time".

Nós não treinamos perdedores. Nós não treinamos fracassados. Nossa proposta é muito diferente. É de resgate. É devolver para o derrotado o gosto da vitória, para o derrubado a autoestima, para o triste a alegria.

Paixão? Sim. Paixão por vencer.

Fé? Claro. Sem fé é impossível agradar a Deus.

Aos vencedores, bem-vindos ao clube!

A vitória não é uma questão de sorte.
É uma questão de tempo.

75

Eu. Você. Armadilhas.

Quantas vezes nós armamos as nossas próprias armadilhas? Quantas vezes somos nós os nossos próprios delinquentes? Furtamos de nós mesmos a "chance de ser feliz"...

Percebe? Perceba... É de tanto se alimentar mal que o homem se torna diabético. E é de tanto tratar mal a sua mulher que ele se torna só. É de tanto estudar meio termo que, no meio do caminho, o estudante fica. E é de tanto ficar se enganando que o enganado experimenta a dor.

Não se engane: andar até o meio da ponte e não dar um único passo significam a mesma coisa. Em ambos os casos, não se chegou ao destino.

Quem é o seu algoz? Não seriam as suas próprias mãos que o enforcam? Não seria a trave do seu próprio olho que o cega? Não seria você que, na escuridão do anonimato, ceifa a sua própria semente e faz da terra chamada sua vida uma terra infrutífera?

De quem é a culpa? A culpa é da sua incoerência. Da sua inconstância. Das suas mentiras. Não dê jeitinho. Não dê as costas. Não dê o golpe em si mesmo. Um dia o descobrirão.

Quem o descobrirá? O exame. O exame de concurso revelará o seu não estudo. O exame de hospital exporá o seu descuido. E o exame de consciência há de condenar essa sua conduta infiel.

Não faça chorar quem você ama. Isso é ser desleal. E se você se ama, não seja o causador do seu próprio pranto. Isso é ser tolo. Não lamente a faca que você lança sobre si mesmo.

Portanto, mude. Mude o seu comportamento. Mude a sua vida. Mude a sua história. Como? Simples: mudando a sua forma de pensar. O mundo precisa de mentes pensantes, e não de mentes pensadas. Pensadas pelos outros. Pense. É hora de desfazer as suas próprias armadilhas.

Seja uma mente pensante. Bom dia!

76

O que você faria?

O que você faria se você pudesse voltar no tempo? Uma outra faculdade? Moraria em outra cidade? Ou viveria o momento?

O que você faria se você pudesse voltar atrás? Não trairia aquela namorada? Ficaria com os amigos até de madrugada? Ou estudaria muito mais?

O que você faria se você pudesse rebobinar a fita? Seria um cantor? Morreria de amor? Ou esqueceria o que o irrita?

O tempo não volta. Concordo. No passado, ninguém toca mais. Mas no futuro, ninguém tocou ainda. E é hora de aprender com os erros. Chega de chorar pelo que morreu. A vida não é só lembrança. Ela é também esperança de uma nova história. E você pode construir a sua de um jeito apaixonante.

A faculdade sem estudar você já fez. Mas o sucesso profissional você ainda pode ter. A última namorada você já traiu. Mas a próxima poderá ter a sua total fidelidade. Naquele concurso, você já foi reprovado. Mas no próximo, você pode ser juiz.

Um dia cheio de novas chances para todos nós!

77

O amor. A lição. E os "alvos da vida".

A vida dá voltas. Eu sei. Você sabe. Nós nos esquecemos.

A verdade é que temos consciência de que tudo passa, de que tudo muda e de que tudo se transforma. Mas entre a consciência e o sentimento, há uma distância. No momento em que o furacão se faz presente, as circunstâncias parecem inalteráveis.

Aprenda com o amor...

Quem amou uma vez e sofreu com o fim, sofreu como quem lamenta pelo irrecuperável. Pelo insuperável. Pelo insubstituível.

Desejou a solidão como se uma nova vida a dois fosse traição ao passado. Como se amar outrem fosse tripudiar sobre o sentimento prévio. E creu que iria morrer. Mas sobreviveu. E amou de novo.

Amou novamente. E no final do segundo amor? Sofreu igualmente. Chorou.

E será assim até quando? Até encontrar o amor desta vida... Um dia esse tal amor vem. Vem a jato, a cavalo ou a pé. Mas vem. Não se contente com menos do que o "amor da sua vida" na sua vida.

E nas outras áreas vale a mesma máxima. Precisamos encontrar os "alvos da vida".

É assim nos estudos. Você é reprovado em um, dois, três concursos. Insista. No quarto, você vai passar. Por quê? Porque, uma hora, o «concurso da vida» vem.

É assim nos negócios. O empresário R. H. Macy faliu 7 vezes antes de construir uma das maiores lojas de departamento dos Estados Unidos, a Macy's. Um dia, o "negócio da vida" veio...

É assim no mundo espiritual. Elias orou 3 vezes sobre o filho da viúva para que Deus o ressuscitasse. Sara tinha 90 anos quando teve seu filho. Lázaro havia morrido há 4 dias. Um dia, o «milagre da vida» veio.

Sofrer é inevitável. Ser feliz no sofrimento é sublime. Existem pessoas leves. Pessoas de alma leve. Seja uma delas.

Pense a longo prazo. Procure os "alvos" da sua vida". E não se contente com menos do que isso!

Bom dia!

78
Recomeçar

Estar vivo permite o recomeço. Na vida, há momentos para insistir. E há momentos em que insistir é tolice. É hora de recomeçar.

Ser sábio é saber diferenciar estes momentos. Saber distinguir sonhos ainda alcançáveis de sonhos falidos.

É... Há sonhos que faliram. Morreram. E é melhor você decretar a falência. É fundamental você enterrá-los. Por quê? Porque outros sonhos precisam ocupar aquele local.

Há situações que não podem ser novamente vividas. Há relacionamentos destruídos pelo tempo (ou pela falta de tempo). Há trabalhos esgotados (e esgotantes). E há desencontros irrecuperáveis. Está na hora de mudar.

Aceite. A morte muitas vezes traz a vida. Lembre-se: foi a morte de Cristo que trouxe vida aos Cristãos. É o fim de um livro que permite a leitura de um novo. E, muitas vezes, é o divórcio de um casamento destroçado que permite o encontrar de um amor inspirador.

Nos estudos é a mesma coisa. Você não pode voltar no tempo e fazer um ensino médio brilhante. Aquela faculdade já foi.... Aquele concurso em que você foi reprovado acabou.

Passado não pode ser alimentado. Passado tem que ser alimento. Tem que ser ensinamento. Uma aula para um presente melhor e para um futuro mais próspero. Qualquer coisa diferente disso é condenar-se à tristeza diária. Por quê? Porque o passado não vai mudar.

Que, no dia de hoje, você coloque o passado no lugar dele. Que você seja feliz com o seu presente. E que você tenha novos sonhos. Como disse Platão, "amor é desejo". Tenha novos desejos. Tenha novos amores.

Bom dia!

79
Defensiva

Fomos criados para viver na defensiva. Já percebeu isso? A maioria de nós não luta para ser feliz. A maioria luta para não ser infeliz. É muito diferente.

É a política do desespero. Da falta de fé. Da ausência de autoestima.

É assim na vida a dois. Tememos a solidão. Podemos não ter o amor da vida. O que não podemos é ficar sozinhos. O que não admitimos é uma «vida a um». E, então, qualquer par de pernas decorado com uma cabeça serve. Ainda que essa cabeça não combine em nada com a nossa.

É assim na profissão. Tememos a fome. E essa história de bem-sucedido passa a ser coisa distante. Você só quer pagar suas contas. Você só precisa de estabilidade.

Profissional realizado? Ah, isso é para um... Dois.... No máximo, três pessoas. E estes contaram mais com a "sorte" do que com o mérito. Só que você se esquece da aula de Séneca: "a sorte é o encontro do preparo com a oportunidade". Hoje você tem a oportunidade.

É assim na religião. Vamos em busca de Deus como algo mais cultural do que espiritual. Lotamos as igrejas por conveniência ou, na melhor das hipóteses, por desencargo de consciência.

Às vezes, Deus é apenas uma «válvula de escape» do nosso sofrimento. Pouquíssimas vezes, deixamos Ele ser Deus na nossa vida. Não queremos perder o controle. Não queremos a intimidade. Basta-nos a válvula de escape.

Percebeu? É hora de sair da defensiva. Não correr riscos faz de você alguém medíocre. Faz da sua história pessoal algo sem valor para a geração seguinte. Faz de você um frustrado enrustido. Alguém que nunca dirá ser infeliz. Talvez nem para si mesmo. Mas que já é o mais infeliz dos mortais. Por quê? Porque ligou a vida no piloto automático e aguarda apenas o final desta estrada.

Que neste início de mês você possa sair da zona do medíocre! Que o seu conforto seja no campo de ataque! E que você se apaixone pela sua nova rotina! Como diz Abílio Diniz, "eu amo a minha rotina. Fui eu mesmo que a criei".

Bom dia!

80
Eu, você e a nossa falta de noção

Caminhos são filosofias de vida. Todos temos as nossas. E há quem tenha a filosofia de todos. Gente sem opinião. Ou, na melhor das hipóteses, gente sem noção.

Sabe aquela história da menina que muda de personalidade de acordo com o namorado? Se ele for pastor, ela mora na igreja. Se ele for DJ, ela fixa residência na balada. Então, esse tipo de pessoa pode ser você em alguma área da sua vida. Só que a trave no nosso olho é mais difícil de enxergar.

Aproveite esse sabadão, olhe para o espelho e se pergunte: esse "eu" sou eu mesmo?

Essa simples pergunta pode evitar tragédias.

Já conheceu gente frustrada aos 40? E aos 50? Então, sabe o que faltou na vida deles? Faltou fazer essa pergunta há 20 anos. Não que agora seja tarde (nunca é), mas, cada vez, fica mais difícil mudar.

Entenda: o caminho do outro não serve para você. Por mais que vocês sejam parecidos, a carapuça não pode servir. Você precisa ser plenamente realizado.

Sugestões: descubra o que faz você se entusiasmar de verdade em cada área da sua vida (profissional, pessoal, financeira, espiritual...). Fixe metas ousadas em todas elas. Depois, monte planos para alcançá-las.

Seja a pessoa mais disciplinada que você conhece. E lembre-se: disciplina não pode ser simplesmente sacrifício. Tem que ser sacrifício com propósito.

Que neste final de semana você encontre os seus caminhos e que eles sejam capazes de fazer com que você se sinta completamente feliz nessa estrada da vida! Bom dia!

81
Ouse

Ouse um pouco mais. Ouse muito mais. Algumas vezes você vai se arrepender disso. Na maioria das vezes, não.

Ouse em seus sonhos. A mediocridade é rainha em meio aos covardes. Com medo do fracasso futuro, eles escolhem o fracasso presente. Não seja medíocre. Sonhe como Napoleão.

Ouse em suas atitudes. Elimine o que é incompatível com a sua meta. Sem dó. Corte as cordas que amarram a sua vida nessa posição. Sem pestanejar. É hora de ser quem você nasceu para ser.

Ouse. Ouse por amor próprio. Ouse por amor ao seu futuro. Por sede de vitória. Ouse por intuição. Há uma voz dentro de você que diz: ouse.

A maioria das pessoas vai ler esse texto e não vai fazer nada de diferente em sua vida. E você? Vai continuar seguindo a maioria?

82
A sua visão

Na vida e no direito, existe o certo, o errado e a sua visão. Cuidado: você pode estar confundindo as coisas.

A sua experiência de vida pode levá-lo a crer que o seu caminho é o certo. Concordo em parte. Mude apenas o artigo. O seu caminho não é o certo, mas sim, um certo, ou melhor, um dos muitos certos caminhos que a vida tem.

Perceba no amor. Há quem tenha se casado de supetão. Conheceu o amor em uma viagem, apaixonou-se e seguiu sua intuição. Casaram-se em seis meses. Por outro lado, há quem tenha se casado com a primeira companheira, depois de tempos de namoro. Anos mais tarde, você encontra ambos os casais felizes. Quem estava certo? Os dois. Eram apenas dois rios diferentes que desaguavam no mesmo mar. No caso, o mar do amor.

Perceba na profissão. Bill Gates e Steve Jobs abandonaram a universidade. E aí? E aí que o mundo agradece. Já Albert Sabin resolveu terminar os estudos na faculdade de medicina de Nova Iorque. E então? E então o mundo também agradece.

Caminhos diferentes são capazes de levar igualmente ao progresso. Seja o progresso na tecnologia. Seja o progresso na saúde. Seja o progresso na sua vida.

Por fim, entenda: a sua visão não é a única. Talvez a sua percepção de mundo esteja sendo nociva inclusive para você. É você que se boicota, que se culpa, que se condena. É hora de evoluir. Como? Conheça outras visões. Assim, você vai desenvolver discernimento, que é, em resumo, a capacidade de separar o certo do errado para a sua vida.

Siga o seu caminho. Construa a sua história.
Progrida.

83
Iakopa

Dos vários nomes que merecem estar rabiscados em sua parede, iakopa, com certeza, é um deles.

Pegue um papel e escreva: I - A - K - O - P - A.

O nome tem origem havaiana. "Significa vencedor. Muito disciplinado, sua aparência transmite sucesso e prestígio, que vêm graças ao grande espírito de competição e capacidade de liderança. Adora desafios". Domingo é dia de ressurreição. É hora de você nascer de novo em várias áreas da sua vida.

Entenda que o significado de iakopa traz as causas e a consequência. Ser vencedor é consequência. Vejamos as causas.

"Muito disciplinado". Eu sei que isso é batido. Mas é verdade. Na maratona da vida, quem não veste as roupas da disciplina não termina bem a prova. "Sua aparência transmite sucesso e prestígio". Vencedor tem cara de vencedor. Cuidado. Não confunda.

O conceito não fala de relógios, roupas e carros. Isso é bobagem. É, na maioria das vezes, uma ostentação deprimente, que tenta esconder um vazio cultural. O conceito fala de brilho nos olhos, de aperto de mão firme e de sorriso estampado na cara. Em uma palavra, o conceito fala de autoestima. O "espírito de competição" de um vencedor dá a ele essa aparência de sucesso e prestígio. "Capacidade de liderança". Está na hora de você puxar a fila. Pelo menos na empresa chamada "sua vida", seja você o presidente. "Adora desafios". É o desafio que move o herói. É na crise que surgem os grandes líderes. Por quê? Porque vencer na crise é um desafio. Se a sua vida passa por crises, aceite o desafio. Vença.

Por fim, há quase dois mil anos, o Filho topou o desafio do Pai. Veio aqui e mudou a história do mundo. Confie Nele. Ele pode mudar a sua história. Faça você a sua parte. Ele sempre fará a dele.

Feliz páscoa. Seja um vencedor. Seja um iakopa.

84
Os olhos

Onde estão os seus olhos? Onde quer que eles estejam, aí está o seu amor. É isso que a história, a filosofia e o teatro demonstram. Acontece em Shakespeare, acontece em Amnon, acontece em você.

Romeu morria de amores por Rosalina, mas só até ver Julieta. Nas palavras de Frei Lourenço, personagem da tragédia shakespeariana, "os jovens amam com os olhos, não com o coração". Shakespeare estava certo. Davi também. Muitos anos antes, o rei mais famoso de Israel, em Salmos, escreveu: "não porei os meus olhos em coisa torpe". Ironia do destino ou não, a maior derrota de Davi ocorreu quando ele pôs os olhos sobre a mulher de Urias.

Para Platão, amor é desejo. É um olhar de obsessão. Logo, amo o que eu não tenho e amo só até possuí-lo. Depois da posse, não há desejo. Depois da conquista, não há amor.

Nas escrituras, talvez isso explique a aversão de Amnon por Tamar, segundos após estuprá-la. O amor inalcançável foi alcançado e morreu na primeira relação.

Nos dias de hoje, temos ouvido falar de "foco". O que é foco? Foco nada mais é do que o objeto do seu olhar ou, em outras palavras, o escolhido do seu coração. Portanto, amar é uma escolha. E o amor é uma questão de foco.

Seus amores determinarão seus caminhos. Quem foca em vida saudável, pega o caminho do parque e, em seguida, o da longevidade. Quem foca em bebidas alcoólicas, pega a via do bar e, em seguida, a do hospital. Já quem ama os estudos, segue pela biblioteca e, tempos depois, pelo sucesso na profissão.

O que não pode acontecer é você focar em uma coisa e esperar encontrar outra. O que não se admite é a contradição entre os lábios e as mãos. Enquanto os primeiros proclamam o topo da montanha, as segundas escavam sem cessar. Não se iluda. Seus olhos determinam sua direção.

Neste final de semana, faça um check list. Veja quais são os seus focos. Mude os amores que forem necessários. Afinal, "os olhos são a lâmpada do corpo". Bom dia!

85
Fortuna

Fortuna é sorte, ou melhor, é a deusa romana da sorte. Com os olhos vendados, segundo a mitologia, a deusa distribuía os seus talentos aleatoriamente, sem saber o humano contemplado.

Todos temos talentos. Todos temos fortuna. Basta-nos descobri-la. Contentemo-nos em explorá-la.

A fortuna do pai não exime o filho de encontrar a sua própria. Apoiar-se em fortuna alheia é ser carregado em cavalo belo por cavaleiro forte. Mas, como tudo na vida, um dia o cavaleiro sucumbe e o filho, carregado a vida inteira, não consegue guiar o animal. A queda é inevitável. A derrota prevista a termo. Dirão que faltou sorte. Direi que ela nunca existiu. A sorte do herdeiro não era dele. A fortuna do jovem era de outrem.

Genética não define sucesso. Quem foi o filho de Napoleão? Ninguém o sabe. Quem eram os pais de Einstein? As revistas não explicam.

Lição número um: sua origem não define sua história. O seu sucesso só depende de você. Sempre foi assim. Sempre será assim.

De acordo com os romanos, a deusa distribuía, com os olhos tapados, os seus desígnios. Portanto, nem sempre o filho do rei era o mais apto a suceder ao trono. A graça da liderança podia ter recaído sobre o servo. Mas, crendo os homens na aparência de realeza, ergueram imperadores sem talento. Resultado? Impérios caídos.

Talvez o dom de "césar" tenha, por capricho da história ou por descuido da deusa romana, sido depositado em casa de barro. Talvez os traços de periferia escondam a nobreza de coração e o potencial de herói.

Lição número dois: nunca julgue a capacidade de alguém pela sua aparência. Você irá se surpreender.

Portanto, escreva a sua história, independentemente de sua origem. E acredite em seu potencial, mesmo que, pela sua aparência, ninguém acredite.

86
O tempo. Da Vinci. Você.

Há muitas coisas sobre o tempo que você não sabe. Principalmente, sobre o tempo que as pessoas levaram para fazer o que fizeram.

Leonardo da Vinci, por exemplo, começou a pintar a Mona Lisa em 1503. Terminou em 1519. E historiadores especulam que boa parte desse tempo foi gasto para aperfeiçoar o seu sorriso enigmático.

Valeu a pena? Se estiver em dúvida, pergunte às 6 milhões de pessoas que visitam o Louvre anualmente. Quanto ao valor da obra, algo em torno de 500 milhões de dólares, embora, para muitos, ela não tenha preço.

A vida imita a arte. Acontece com Da Vinci. Acontece com você.

Uma pessoa de sucesso, não é vista pela pessoa que é, mas pelo sucesso que representa. Outro dia, todos queriam ouvir Eike Batista dizer-lhes o que fazer. Agora, querem ouvi-lo sobre o que não fazer.

A sociedade só enxerga o resultado, só percebe a "Mona Lisa" concluída. Antes disso, nada feito. O trabalho, em si, é anônimo. O esforço diário é oculto. Portanto, aprenda com Leonardo:

Lição 1: nunca seja imediatista. Grandes obras demandam muito tempo. Grandes conquistas exigem sacrifício prolongado.

Lição 2: não espere reconhecimento enquanto você executa seu projeto. É no final do teatro, que os aplausos são ouvidos. A festa da vitória só vem depois de vencida a guerra.

Portanto, faça a sua "Mona Lisa", leve o tempo que levar. Bom dia!

87
Intenções e resultados

O resultado produz aplausos. Eu sei. Você sabe. Nós gostamos.

Só que o resultado imerecido produz aplausos e arrogância. Ou melhor, arrogantes. E a sociedade anda dispensando prepotentes. Já temos o bastante.

A verdade é que ninguém quer experimentar a dor, nem Jesus. Pouco antes de ser levado preso, a oração do Cristo foi para que o Pai, se possível, o livrasse daquele cálice. Não era. Só sua morte produziria vida.

O sofrimento gera humildade. Perceba o quanto você já cresceu depois da aflição. A dor faz nascer virtudes. A crise cria o herói. E a vitória, após o vale, produz o homem que a sociedade precisa. Seja um deles.

Não se iluda. Ninguém vai julgar suas intenções. Como disse o poeta alemão Friedrich Rückert "o resultado é visível, mas a intenção nunca é evidente; por isso, sempre pelo resultado é que julgamos a história dos homens". Portanto, não se preocupe se as pessoas estão enxergando suas emoções, suas intenções, seus sentimentos. Quando saímos de casa vestimos uma máscara de neutralidade. É uma forma de proteção. Como disse Ayrton Senna, "vocês nunca conseguirão saber como um piloto se sente quando vence uma prova. O capacete oculta sentimentos incompreensíveis". Vença.

88

Tomás de Aquino. A liberdade. Você.

Perguntaram a São Tomás de Aquino por qual motivo Deus teria permitido aos homens pecarem.

A pergunta pareceu bem feita. A resposta pareceu perfeita. Foi assim que o teólogo desenvolveu a "Teoria do Duplo Efeito". Segundo Aquino, Deus dá ao homem algo bom, que é a liberdade. Mas o homem, sendo livre, dá ao mundo algo ruim, que é o pecado.

Em resumo, o humano, tendo a liberdade para amar, prefere o ódio. Podendo viver em conjunto, escolhe matar os conjuntos de outros homens que não se coadunam com os seus ideais. Em uma frase, o homem, sendo livre, não admite a liberdade do seu igual.

E Aquino conclui: Deus não privaria o humano de seu livre arbítrio para impedir que o erro existisse.

Lição: o que é bom não pode pagar pelo que é ruim, mesmo quando o vício for de alguma forma fruto da virtude.

E o ensinamento do Santo vale para todas as áreas da nossa existência.

Há alguns comportamentos, algumas amizades e alguns pensamentos que precisam ser eliminados da nossa vida. Urgentemente. Mas não todos.

A decepção com uma amizade não justifica isolar-se do mundo. A necessidade de emagrecer não autoriza transformarem o carboidrato em inimigo capital. E um pensamento pessimista não pode impedir você de refletir sobre a vida.

Evite posturas extremas. O extremismo é insustentável a longo prazo.

Portanto, procure o seu ponto de equilíbrio. Entenda que o seu ponto é diferente do ponto de outra pessoa. Aceite que fazer coisas boas pode gerar sérias "dores de cabeça". Mas acredite: vale a pena correr o risco. Bom dia!

89
Competição

A competição é o meio de transporte preferido do progresso. Como disse Salomão, "assim como o ferro afia o ferro, o homem afia outro homem". Sempre foi assim. Sempre será assim.

Perceba. Foi a disputa entre a União Soviética e os Estados Unidos que criou a internet.

É o número cada vez maior de candidatos nas provas de concurso que produz profissionais mais preparados.

São os países com democracia forte e, portanto, com real disputa pelo poder, que geram os melhores políticos.

A competição é benéfica à sociedade. É preciso que ela também seja benéfica a você. Tolice ignorar os fatos.

Em relação à competição, é bom que sigamos dois conselhos.

Primeiro: competir deve fazer de você alguém melhor, e não pior. A disputa deve desenvolver suas virtudes, fazendo desfalecer a ruindade que habita em cada um de nós. Em síntese, a competição precisa fazê-lo feliz. Caso contrário, está na hora de mudar o motivo da sua luta.

O segundo é que esse perfil medroso, sem "dar a cara a tapa", sem se arriscar, não muda a existência da competição. Muda só suas chances de vitória. Elas caem significativamente.

Portanto, aceite a competição. Evolua. E vá para vencer. Como disse o estadista britânico Winston Churchill: "Vocês perguntam: 'Qual é a nossa meta?' Posso responder numa única palavra: 'Vitória!' Vitória a todo custo, vitória apesar de todo o terror, vitória por mais longo e difícil que o caminho possa ser, pois sem vitória não há sobrevivência." Vença. Bom dia!

90
A vida

Como anda a sua vida? A pergunta que inaugura o texto pode também inaugurar o seu domingo.

Segundo o professor de ética da USP, o filósofo Clovis de Barros Filho, "a vida vale a pena quando você torce para ela não acabar". Perceba. Querer que o tempo passe mais rápido é querer, em última análise, que acabe logo a vida. É um gosto maior pelo fim da história, do que pela história em si.

Conclusão? A maioria de nós não vive feliz, não vive uma vida que vale a pena.

Se você entra no trabalho contando os minutos para a saída, quer dizer que você é infeliz 8 horas ao dia. Considerando o tempo de vida "acordada" que você tem como 16 horas diárias, isso significa que você é triste na metade da sua vida. Se algo mais o abate ao longo do dia, pronto: você é predominantemente infeliz.

A graça do trabalho não pode estar no 5º dia útil do mês. O bom do jogo não pode ser o resultado. É cada lance em campo, cada grito da torcida, cada quase gol e, claro, cada gol que fazem a ida ao estádio valer a pena.

Acredite: happy hour deve ser a regra no seu cotidiano, e não a exceção. Você não pode viver triste das 08h às 18h e ser feliz apenas das 18h às 19h. Há algo de errado na vida que você decidiu levar.

Sofrer é inevitável. O gosto pelo sofrimento, não. Há quem goste de sofrer. A psicologia explica que o sofrimento faz do sofredor alguém de destaque. A vítima é, por um momento, o centro das atenções. Por isso, a busca da dor. Mas, acredite, não vale a pena ser voluntariamente vítima.

Lançar-se ao buraco mais fundo para ser o único que ali está não muda o fato: você está no buraco. É hora de repensar a vida.

Portanto, hoje, pense nas mais diversas áreas da sua vida. Analise se você é mais triste ou mais feliz em todas elas. Se o pesar predominar, é o momento de reconstruir seu estilo de viver. Você merece ser feliz. Você merece uma vida em que torça para que ela não chegue ao final.

Bom dia!

91

O poder do insuportável

Há momentos na vida em que é preciso entender que o momento chegou ao fim. Mister enxergar o final do ponto final. Aceitar o esgotamento.

Há dias em que você cai em si. E percebe que não há mais tinta, que não há mais folha e que não há mais força para continuar escrevendo aquele projeto.

Parece decepção. Parece. Não é. Qual o nome disso? Fraqueza? Não. Franqueza. É a voz da sinceridade própria que sai do mudo e faz-se ouvida em seu coração. Aquele projeto não tinha nada a ver com você. Por quê? Porque ele não o fazia feliz.

A verdade é que a felicidade ocupa sala exclusiva em nosso coração, cujo acesso dá-se através de biometria. Só a digital do amor genuíno é capaz de fazê-lo feliz. Só o que acende em você um sentimento chamado empolgação é idôneo a alicerçar seu gosto pela vida.

Se você não se sente assim, encerre o projeto. E não lamente o fim. Essa coisa de "mais ou menos", de médio, de medíocre nunca fez bem a ninguém. Nem a você.

A vida na Terra é só uma. É você quem escolhe o risco de ser feliz ou a segurança de ser medíocre. Neste domingo, faça a sua escolha. Desejo que a situação insuportável de hoje tenha o poder de fazê-lo arriscar. Boa semana!

92

Os egípcios. A história. Você.

Eu gosto de exemplos. Sempre gostei. Reputo que histórias alheias são combustível. E livros bem feitos são postos de gasolina. Por isso, de tempos em tempos, paro em algum e abasteço-me de textos inspiradores. É a melhor forma de seguir nesta estrada.

A vida secular não é perene. Eu sei. Você sabe. Nós nos olvidamos. Olvidar é típico do homem.

Não sem razão, os egípcios colocavam um sarcófago no meio de um festim. Uma lembrança da transitoriedade da vida. Um aviso aos navegantes: uma hora, você deixará de navegar.

Tenha sempre essa consciência.

Pessoas mais conscientes da provisoriedade da vida são menos negociantes de valores vitais. Há uma menor vulnerabilidade do homem sensato diante dos pratos questionáveis que a sociedade nos oferece. Afinal, se ninguém leva nada daqui, por que carregar por um tempo fortuna que não nos pertence?

Não busque o prêmio de uma batalha que você não lutou. Não usurpe medalhas alheias. Não se vista de rei, se não há majestade em seu proceder. Seja autêntico. Viva o que você prega. Pregue o que você vive. Isso é autenticidade.

Mas lembre-se: Picasso foi brilhante, Mandela foi herói e Einstein foi gênio. Todos foram. Nenhum é. A história deles passou, a sua não. E, por mais que a deles tenha uma distância de notoriedade imensurável da sua, é a sua que está acontecendo agora. E nada impede que você seja o "Shakespeare" desta geração. Eles foram. Você é. Ou, pelo menos, você está.

Portanto, corra a sua corrida com as roupas que a vida lhe deu. Orgulhe-se das suas próprias medalhas. E, caso queira medalhas melhores e pódios mais altos, continue treinando. É a sua disciplina que demonstrará seu compromisso com seu projeto de vida. E nunca se esqueça: a vida é passageira. Viva. Bom dia!

93

Ariano Suassuna. O peixe fora d'água. Você.

Ariano Suassuna é um daqueles nomes que se desprenderam da pessoa e passaram a ser símbolo autônomo. No caso dele, símbolo de cultura, arte e brasilidade.

O paraibano foi dramaturgo, escritor, poeta. Disso você já sabe. Sua obra mais conhecida, "Auto da Compadecida", você também conhece.

Mas há duas coisas sobre Ariano que talvez você não saiba. Uma é que Suassuna era filho do governador da Paraíba e perdeu, aos três anos, o pai assassinado. A outra é que Suassuna foi advogado no início da carreira.

Em uma de suas palestras, Ariano confessou que os anos da advocacia, quatro, foram os piores da vida. E, em tom jocoso, disse que entrara no mundo jurídico por falta de opção e saíra por falta de vocação.

Vocacionar é chamar. Vocação é chamado. Ariano, sem ouvir a voz do Direito, atendeu ao clamor da Arte. A Arte era a "água". Ariano, o "peixe". E o peixe foi para o seu hábitat natural. Nós, pescadores do belo, agradecemos.

A verdade é que Suassuna seria um advogado medíocre. Por quê? Porque quando não há paixão, não há excelência.

E talvez essa falta de excelência na sua vida seja falta de paixão naquilo que você faz. Falta de vocação. É o seu coração que não se agita com seus projetos. É a vontade de escrever o seu "Auto da Compadecida" reprimida em seu ser.

Em julho de 2014, morreu o poeta.

Nas palavras do próprio Suassuna em "Auto da Compadecida": "cumpriu sua sentença. Encontrou-se com o único mal irremediável, aquilo que é a marca do nosso estranho destino sobre a terra, aquele fato sem explicação que iguala tudo o que é vivo num só rebanho de condenados, porque tudo o que é vivo, morre". Ariano foi encontrar-se com o pai. Afinal, há 84 anos, ele não o via. Mas foi plenamente realizado por ter vivido como sempre quis viver. Faça o mesmo. Bom dia! #arianosuassuna

94

Os gregos e os filhos da nossa sociedade

O que levamos da vida? A pergunta, exaustivamente feita e ouvida por nós, é egoísta. Pelo menos, segundo Fernando Pessoa. Há, nesse questionamento, um materialismo tolo. Afinal de contas, da vida não levamos nada, nem a vida que levamos. Pessoa tinha razão.

Respeitosamente, criamos uma sociedade que instiga o egoísmo. Despejamos mil pessoas no mercado de trabalho e oferecemos uma única vaga de emprego. Vencerá o melhor, claro. Mas pergunto: por que a sociedade faz de João um bacharel se não lhe permite o exercício do bacharelado? Não sei a resposta.

Fosse o egoísmo filho único de nossa sociedade atual, tudo bem. Mas não! Esta mãe deu à luz, novamente, e pôs em seu caçula nome composto: burrice disfarçada.

A escola, hoje em dia, seguindo as normas do Ministério da Educação, prepara-nos para as questões da biologia, da física, da química, mas, e para as questões da vida, quem é que nos prepara? Nos tempos de Platão, os alunos sentavam-se próximos ao mestre e discutiam temas. Refletiam.

Fletir é dobrar. Refletir é dobrar-se para dentro. Ou seja, na época de Platão, construíamos nossas ideias. Em nossa época, repetimos ideias construídas. Fingimos inteligência. É a burrice disfarçada de nota 10. Decoramos as fórmulas da velocidade e não percebemos com que velocidade a vida passa... "Involuímos". Talvez isso explique nossa busca pelos ensinamentos dos gregos de antes. Falta reflexão no mundo atual.

Tivessem refletido um pouco mais, os gregos de agora não estariam na lamentável situação que estão. Tivéssemos nós refletido um pouco mais, não experimentaríamos a crise nacional que experimentamos.

Separando o inseparável, esqueça a crise brasileira e foque na crise pessoal. Talvez essa sua falta de resposta seja apenas a falta de um refletir. Não deixe de ser racional, só porque os que o cercam optaram por não pensar.

Vença a tendência ao egoísmo. Como? Lembre-se de Pessoa. Da vida não levamos nem a vida que levamos. Vença a "burrice disfarçada". Fórmula? Reflexão. Refletir, essencial para ser conscientemente feliz.

95
Quem é você?

A pergunta que inaugura o texto inaugura também uma série de crises no homem contemporâneo. Sem rodeios, a filosofia explica que, entre as três primeiras respostas à pergunta acima, está a profissão.

Quem é você? Se parte de você é a profissão que você exerce e se você exerce a profissão que não quer, então temos um problema. Uma crise de... uma crise de identidade. Isso mesmo. É hora de mudar o verbo. Troque ser por estar.

Quem nasceu para ser empresário não pode ser funcionário, pode até estar funcionário. Caso contrário, teremos a frustração do não empreendedorismo.

Claro que você pode mudar de ideia e de ideal. Muitos já mudaram. Paulo perseguia os cristãos, Abílio Diniz desejava ser professor e Ruy Barbosa foi jornalista, advogado, político... Mas o que os une? Todos foram coerentes com o que lhes inflamava o coração e até o momento em que lhes ardia o peito.

Não se culpe pelo desejo de mudança. Se for para se culpar, culpe-se pela incoerência entre o seu comportamento e a sua aspiração.

E isso vale para todas as áreas da sua vida. Se você não se sente plenamente realizado em qualquer delas, você ainda não é o que você é. Você apenas está. Mude o verbo.

Iludir-se ou tentar sufocar os desejos que existem em sua mente é cometer homicídio. Se você tenta ser o tempo todo o que não é, na verdade, o que você é está morto. Ressuscite.

Que nesta semana você possa mudar os verbos da sua vida. Que você entenda quem você é e quem você está. E que você seja plenamente realizado em todas as áreas. Não aceite menos do que isso.

96
A pena

Que é a pena, senão a parte da ave morta ou o castigo do infrator? Seria ela a lamentação pelo injusto ou o sacrifício para o êxito?

A pena é tudo e é nada. É acessório e é principal. É a essência que varia de acordo com a companhia, e nos mostra que, na vida, tudo depende de quem nos acompanha.

Ora, a pena com a tinta é instrumento do poeta. É lágrima em forma de verso. É sorriso em forma de amor. Já a pena com outras penas é roupa da mulher amada. É beleza espalhada no corpo. É manto protetor de mistério. Quando a pena se une a apenados é castigo implacável do Estado. É colheita amarga do ilícito. É a prisão do semeador.

E a pena com a sabedoria, que mais poderia ser? O ensinamento do derrotado? O insumo do vitorioso? Ou o sacrifício exigido de quem tem paixão por vencer?

A pena com a sabedoria é o que devemos juntar. E isso nos mostrará a vida como deve ser. Se ainda persiste dúvida, pergunte aos que venceram: valeu a pena sonhar? Valeu a pena sofrer?

Ótimo domingo! Que você possa entender que tudo pode valer a pena. Bom dia!

97
Não julgue Van Gogh

Empatia é a capacidade de se colocar no lugar do outro, ou seja, é a habilidade de José imaginar-se João. Você tem essa capacidade? Sim? Então, antes de julgar alguém, faça isso.

Melhor ainda. Mesmo que você faça isso, não julgue. Motivos? Dois. Primeiro: seu julgamento não faz bem a ninguém. Nem a você. Tornar-se árbitro das condutas humanas não é missão do homem. É missão divina. Eu sei, nós teimamos em usurpá-la. Mas não compensa. O precipitado morre pela própria precipitação. É Romeu quem mata Romeu.

Segundo: por mais que você tente colocar-se na outra posição, esse câmbio de personalidades é impossível.

Imaginar o sofrimento não é sofrer. É imaginar-se sofrendo. Supor-se ferido destoa, e muito, do estar efetivamente sangrando. Você não é capaz de saber tudo o que aconteceu na vida do outro. E esta informação é imprescindível para o julgamento perfeito.

Portanto, quer seja por falta de divindade, quer seja por falta de competência, não julgue as pessoas.

Se você se considera benigno, seja assim com todos. Como disse Brennan Manning, em "O impostor que vive em mim", "aprenda com as rosas". Elas exalam sua fragrância indistintamente. Quer se aproxime um delinquente, quer um monge, a rosa libera o mesmo perfume. Sua qualidade não pode morrer ante o defeito alheio.

Por fim, tenhamos compaixão. As pessoas escondem dores que você ignora, que você não percebe. Mas perceba em van Gogh. E lembre-se: se acontece na arte, acontece na vida.

Vincent van Gogh, conhecido pelas obras em que as cores vibram e iluminam a si mesmas, ocultava a própria escuridão. Uma coisa era a pintura que se mostrava, outra era o pintor que se escondia. Internado várias vezes por distúrbios psiquiátricos e por males que afligiam sua alma, o gênio da arte suicidou-se aos 37 anos. Cuidado: julguemos a arte, não o artista!

Por fim, que, neste domingo, analisemos os fatos, e não as pessoas! Que sejamos humanos, e não deuses de carne! E que sejamos felizes de verdade, porque "apontadores de dedo" escondem frustrações gigantescas! Ótima semana! Excelente dia!

98
O Getsêmani pessoal

Poucas coisas impressionam mais do que a humanidade de Cristo momentos antes de ser preso no Getsêmani.

O Deus, em forma de homem, chora.

Eu sei. Aprendemos muito com Henry Ford, Aristóteles, Machado de Assis, Ariano Suassuna... Mas aprendemos muito mais com Jesus.

Aprendemos que o conhecimento também gera dor. Era a consciência de que a cruz antecedia o milagre e de que a morte, pasmem, vinha antes da vida, que afligia a alma do Cristo. Em resumo: saber do sofrimento futuro já é causa de sofrimento presente.

Aprenda com o Salvador. Vitórias de verdade demandam sacrifícios de verdade. E quanto maior a colheita maior a semeadura. Conclua: se você não se sacrificou, a vitória não é sua. O prêmio pode até ser, mas você recebeu sem merecimento, sem suor de sangue. E foi assim na cruz, não foi? Ele venceu. Nós recebemos o prêmio. O nome disto? Graça. Graça é favor imerecido.

Acontece na bíblia. Acontece na vida.

Esteja ciente de que uma vitória de verdade exigirá de você sacrifício. Aceite que o conhecimento do sacrifício gerará em você medo. Talvez muito medo. Mas, quando isso acontecer, lembre-se: este é o seu Getsêmani pessoal. Você desejará não experimentar o cálice, mas o melhor a fazer é tomá-lo.

Agora, compreenda: só suporta o sacrifício quem tem um propósito de vida. Só aceita o cálice quem sabe a finalidade da dor. Cristo tinha uma missão. Você tem a sua. Sacrifique-se por ela.

Tenha um brilho nos olhos chamado: convicção. A vida sem convicção não é vida. Como disse Sócrates: "a vida desatenta não vale a pena". Faça valer a pena. Faça a diferença. Bom dia!

99

O peso. O tribunal de Osíris. Você.

Pouca gente sabe, mas os gregos, famosos pela filosofia, experimentaram conhecimento nas águas do Nilo e ganharam força nos ensinamentos do Egito.

A arte egípcia é definida como "a arte para a eternidade". E não poderia ser diferente. A preocupação com a perpetuidade das esculturas, das pirâmides e das múmias deixa claro que os egípcios acreditavam na vida após a morte e, pasmem, na morte após a morte.

Segundo a mitologia egípcia, o homem, ao morrer, atravessa um extenso caminho até chegar ao tribunal de Osíris. Lá, seu coração é colocado sobre um dos braços de uma balança. No outro, é colocada uma pena. Vive aquele cujo coração seja mais leve do que a pena. Caso contrário, morre definitivamente.

Acontece na mitologia. Acontece com você.

Aprenda com os egípcios uma lição: o peso do coração significa morte, inclusive de quem ainda não morreu.

Gente amargurada não vive de verdade.

Quantos ciúmes desequilibrados, cobiças desproporcionais e rancores arraigados carregamos? Quantas invejas camufladas, cegueiras escancaradas e mentiras deliberadas transportamos?

Tudo é uma questão de peso. Uma questão de peso do coração.

E, se a leveza significa vida, já temos o remédio para aqueles que temem passar por esta Terra sem desfrutar do seu melhor: tenha um coração leve. Simples assim.

Desfrutar da vida não é gastar, esbanjar, ostentar. Isso é, na maioria das vezes, uma fuga. Nas palavras de Nizan Guanaes, em uma entrevista, "quem consome demais o externo tem um problema interno".

É preciso resolver o problema do seu coração.

Por fim, seja leve, otimista e autêntico. A leveza vai lhe permitir viver. O otimismo, viver feliz. E a autenticidade, viver feliz como você é. Bom dia!

100
Recados de Deus

Imagine você, 82 anos, internado em um hospital.

Madrugada, 03 horas, um anjo o acorda. E ele diz: "tenho recados. Você viverá mais 04 anos. Neste tempo, faça uma viagem ao Chile, compre flores aos sábados para a sua filha e ajude seu sobrinho a abrir um negócio". No dia seguinte, você acorda curado. Tem alta. Volta para casa.

Pergunto: o que você faria? Respondo: o que o anjo lhe disse, mesmo sem compreender. Por quê? Porque o sobrenatural evidenciou-se no natural.

Na viagem ao Chile, você conheceu o advogado que preparou seu processo sucessório. Isso evitou discórdias entre os seus descendentes. Nas flores semanais, você curou sua filha de um sentimento de rejeição. Isso permitiu a reconstrução do seu autoconceito. Na ajuda ao sobrinho, você financiou o início do maior grupo de comunicação do país. Esse grupo destinará 10% do seu lucro líquido para a alfabetização de crianças no sertão. Em resumo, o anjo estava certo.

Agora, pense como Deus. Para que enviar anjos para falar às pessoas, se você poder usar pessoas para falar com pessoas? Deus usa pessoas.

Quando seu namoro não é bom e sua tia lhe recomenda o fim, é o "anjo" nos lábios do homem. Quando seus estudos são fictícios e alguém lhe chama a atenção, é o recado divino na boca do outro. E se o seu trabalho lhe causa dor e é corrigido por alguém, eis o conselho de Deus para você mudar. Só que, como não há manifestação extraordinária, você ignora. E isso é ignorância.

Concordo que é difícil saber quando o natural fala do sobrenatural. É complexo ver o extraordinário no ordinário. Então refleti sobre isto: como discernir se a palavra do outro é recado que devo seguir ou não?

Concluí. Primeiro: quando sentir paz após ouvir a recomendação. A paz é o árbitro dos nossos corações. Segundo: quando, mesmo contrariado com aquela palavra, souber, no fundo, que quem diz tem razão. Algo em mim relata: "é ruim, mas é verdade". Terceiro: quando uma segunda pessoa disser a mesma coisa. É o que chamo de confirmação.

Portanto, se você que não sabe qual caminho seguir ou se o caminho seguido é o melhor, ouça as pessoas. Deus falará através delas. Como disse Salomão, "na multidão de conselhos, há sabedoria".

101

As muitas possibilidades

1961. Meus avós, uma mala e uma filha (no caso, minha mãe) desembarcavam no Brasil. Viagem de navio, coisa de 20 dias para chegar e sem dinheiro para voltar (aliás, sem dinheiro para chegar também). E aí? E aí, que eles tinham uma única opção: ficar. Resultado? Deu certo. Pensei: deu certo, por quê? Concluí: porque eles tinham uma única opção.

2017. Eu, você, nossa geração. Chegamos a qualquer lugar do mundo em até 02 dias (não me venha com exceções). Gostamos e, em seguida, enjoamos. Voltamos em dois dias. Arrumamos alguma fonte de renda (bico, trabalho, aposentadoria da avó) e, de repente, viajamos (de novo). Alguém diz: o mundo tornou-se acessível e, portanto, repleto de opções.

Fazemos uma faculdade. Suponhamos Direito. Formamos, passamos na OAB e indagamo-nos: advogar, prestar concurso, fazer mestrado em Portugal? Ou, então, quem sabe, guardar o diploma e montar um restaurante gourmet em uma casa tombada? É... o Direito e o "fora" do Direito trazem milhares de possibilidades.

Só que as muitas possibilidades têm o condão nos paralisar. Poder fazer tudo é, na maioria das vezes, não fazer nada. Desistimos facilmente, quando temos outra porta. As várias opções nos levam ao fim antes do final. Ou, pior, antes das coisas começarem a dar certo.

A gente advoga um ano, não progride e vai estudar para concursos. Estuda um ano, não passa e vai fazer um mestrado. Aí, faz o mestrado, a vida não muda e volta a advogar. É uma vida em círculos. Sem progresso efetivo. E isso tudo porque temos várias opções.

A gente viaja para diferentes locais e diz: onde estou não é o meu lugar. Mas você não sabe onde é o seu lugar. Meu prezado, o seu lugar, neste momento, é lugar nenhum. Você está perdido. Falta "o lugar". Precisamos compreender que não é possível explorar tudo de tudo e ser bem-sucedido. Qualquer plano decente exige 10 anos (ou uma vida) e dedicação quase integral. Portanto, escolha uma das opções e não mude até que ela se torne uma não opção. Provavelmente, antes disso, terá dado certo. Bom dia!

102

O mal do degrau intermediário

João, 30 anos, analista judiciário. Aprovado aos 23. Prêmios? Uma boa remuneração, uma boa posição e férias de um ano dos livros. Só que este um ano multiplicou-se por sete. Até hoje, João não voltou aos estudos. Ele sempre ensaia o retorno. Ensaia... mas sabe como é, né? Função comissionada, equipe entrosada e família formada são a receita ideal para quem quer estacionar.

Quem é João? Eu e você. João somos eu e você nas diversas áreas da vida. Sempre que uma conquista inicial nos acomoda, somos João. Sempre que transformamos feitos menores em obstáculos aos feitos maiores, somos João.

Por vezes, é um relacionamento de anos que mata o carinho. É a segurança a dois a causa do descuido. É o comodismo da conquista o algoz dos novos projetos.

Outras vezes, é a estabilidade financeira que dilapida o patrimônio. A pessoa, em situação confortável, deixa de investir. O custo de vida sobe e ela é obrigada a descer... Só que, em algum momento da vida, o "mal do degrau intermediário" desaparece. A doença some. Some quando é tarde demais. Oportunidade, diz a mitologia, é Kairós. Kairós é filho de Zeus, anda rápido e tem somente um cacho de cabelo na testa. Só se pode agarrá-lo pelo topete. Depois que ele passa, impossível trazê-lo de volta.

Então como combater o "mal-estar do bem-estar"? Primeiro: diagnostique-se. Autoanálise. Se você perceber que o seu estilo de vida é bom, mas está longe de ser o que você quer e, ainda assim, você continua parado: bingo! Você sofre deste mal.

Segundo: leia biografias. Pessoas admiráveis têm aversão ao comodismo. E, depois de ter lido uma centena delas, percebi receita em comum. Segue: pegue uma colher de novos projetos, coloque-a ao lado de um despertador às 06 horas da manhã e misture-os bem. Em seguida, "leve-se" ao forno com pessoas que fazem o mesmo. "Deixe-se" por lá uns 50 anos. Pronto: não há mediocridade que resista. Bom dia!

103
A persistência

Passo em frente à biblioteca. Vejo o carro de Carlos. Há 08 anos, ele sai do trabalho às 17h, lancha e vai estudar. Para às 23h. Decide dormir. Penso: por que Carlos estuda há 08 anos para ser juiz? São oito anos... alguém dirá: porque ele ama o que faz, ou melhor, o que vai fazer. Concluo: a persistência é filha do amor.

Mas, momentos depois, questiono: por que um casal que se ama é capaz de se divorciar? Veja: apesar de se amarem, não persistiram. Então, alguém falará: porque não basta o amor. É preciso que a situação seja suportável. Por vezes, as pessoas se amam, mas as circunstâncias mostram-se insustentáveis. Concluo: o amor e a suportabilidade da situação são o porquê da perenidade.

Porém, inspirado em Sócrates, questiono uma terceira vez: por que uma mãe, que ama e suporta a convivência com seu filho, não tenta mais tirá-lo das drogas, após 10 anos de tentativas? Não bastam o amor e a suportabilidade... pronto, peço licença a Sócrates, que era avesso às respostas, e passo a tentar responder.

A sentença para todas as perguntas acima é uma: a esperança. Isso. Carlos continua estudando porque tem esperança. Esperança de aprovação. O casal e a mãe desistiram porque, apesar de amarem e, no caso dela, suportar a convivência, perderam a esperança de vencer.

A mãe da persistência é a esperança do êxito. Sem esperança, ninguém persiste.

Mas o que a maioria das pessoas faz? Confunde. Confunde esperança com delírio. Chama de esperança a distorção da realidade.

Perceba: eu só posso ter esperança se tenho fundamento real. Esperança exige embasamento. Carlos pode ter esperança. Pode, porque estuda rotineiramente. Mas quem é avesso aos livros não pode. E, em verdade, não tem. Tem um delírio. Porque toda esperança gera mudança de comportamento, comprometimento e persistência. E a esperança não é mãe estéril. Se não há esses filhos, nunca houve a mãe.

Reflita: você tem esperança ou delírios? E, se você tem um delírio, como criar bases objetivas para que ele se torne uma esperança? Concordo: a esperança não produz nova vida. O que produz nova vida é a persistência. A esperança, parodiando Quintana, produz só a persistência. Bom dia!

104
A causa da causa

Sábado, qualquer dia do ano, Paula. Reprovada na segunda fase da magistratura, um olhar e um sentimento: tristeza. É a quarta vez que ela fica na segunda fase.

Paula conhece a causa da sua tristeza. Mas perde oportunidade: a de conhecer-se na causa de sua tristeza. Autoconhecimento. E isso exige uma segunda pergunta: qual a causa da causa da minha tristeza? E uma terceira, quarta e quinta perguntas: qual a causa da causa da causa... da minha tristeza? É assim que a filosofia cumpre seu papel: o da busca da verdade. É assim que a filosofia aplica-se à sua vida.

Vejamos Paula. Ela está triste. Motivo: a reprovação. Mas por quê? Porque terá que recomeçar e isso significa mais um ano. E qual o problema? Ela estuda há 5, a vida passa e outros sonhos apodrecem no armário. Que sonhos? Ter filhos, escrever livros, aprender italiano, encontrar amigos na quarta e sentir-se leve na quinta. Constato: a reprovação de Paula reforça a sensação de estagnação, o temor de nunca conseguir e o medo de destruir outras áreas da vida em prol de um projeto. Agora, sim: encontramos a causa da causa da tristeza. Agora, conhecemos Paula, a mãe, poliglota, escritora e sociável. Só que a dedicação a um plano tem matado essas outras partes de Paula. Eis é a causa da causa de sua dor.

O que fazer? Paula precisa dar espaço a outros projetos. Aos domingos, reservar uma hora para escrever seu livro. Aos sábados, outras duas para o italiano. Às terças, estudar mais para que, às quartas, encontre seus amigos sem peso. Paula deve ir ao médico e perguntar-lhe sobre os riscos de uma gravidez tardia. Isso a deixará mais calma. Por fim, deve prestar outras provas, como ministério público e defensoria. A aprovação em um desses exames pode ser a descoberta de missão maravilhosa.

Veja. A causa da tristeza de Paula é a reprovação. Essa causa ela não consegue combater. Ela consegue combater as causas da causa de sua tristeza. Por isso, o autoconhecimento melhora a vida.

Sentimentos não são combatidos, são constatados e, depois, compreendidos. O que se combate é a causa do sentimento. Pergunte-se: qual a causa da causa da minha tristeza? E não pare de perguntar até colidir-se com a solução. Bom dia!

105
Perguntas sobre o desejo

Quando nasce um desejo?

Quando um dos nossos sentidos é acionado para um futuro que nos agrada. Não importa qual dos sentidos, se o futuro é próximo ou distante e se o amanhã é possível.

João vê uma mulher bonita. Nasce o desejo de conhecê-la. Carla ouve falar sobre a magistratura. Nasce o desejo de ser juíza. Saulo sente o cheiro de pizza. Nasce o desejo comê-la.

Todos os desejos nasceram da percepção por um dos sentidos.

Primeira conclusão: novos desejos exigem novas experiências. Quem não sente o novo é refém de desejos antigos.

Segunda pergunta: quando um desejo é bom?

Quando sua concretização nos faz bem.

Se João é diabético e deseja um doce ou se é casado e deseja trair, temos dois desejos maléficos. A concretização de ambos prejudica a vida de quem os têm.

Conclusões: nem todo desejo merece ser realizado e o mesmo desejo pode ser bom para um e ruim para outro. Fosse João solteiro, sair com outra pessoa seria bom.

Terceira pergunta: é possível ter um bom desejo e não ter forças para realizá-lo?

Sim. Quatro fatores definirão se o seu desejo pode ser realizado por você: a distância temporal, o nível de dificuldade, a presença da disciplina e a existência da necessidade. Quanto maior a distância temporal e o nível de dificuldade e quanto menores a disciplina e a necessidade, maior a probabilidade de você desistir ao longo do caminho.

Quarta pergunta: é possível observar os quatro fatores e não realizar meu desejo?

Sim. Desejos complexos exigem um quinto fator. O fator sorte. Quem quer ser presidente da república pode observar todos os fatores acima e não concretizar seu querer.

Mas você não saberá se está presente o quinto fator. E isso não justifica o abandono do projeto. Porque quem abandona um projeto pretende não desejar. E, ensinará Platão, amor é desejo. O desertor dos próprios sonhos decidiu viver sem amar.

Mas alguns trocam o quinto fator. Substituem o fator sorte pelo fator Deus. Assim, mudam de dependência. Não dependem da sorte. Dependem de Deus. Eu fiz isso. Preferi. E confesso: dessa forma, bons desejos vão se cumprindo. Bom dia!

106
Escrito no coração

"Aquilo que está escrito no coração não necessita de agendas", dirá Rubem Alves. Não precisa de lembranças externas.

Outro dia conheci Maria. Foi noite excepcional. Poupo você dos detalhes. No dia seguinte, ao sair de casa, vi um outdoor. Era a propaganda de uma confeitaria: Doces Maria. Às 10 horas, minha mãe me ligou. Falou que, sábado, teremos almoço. Almoço na casa da tia Maria. Aproveitou a deixa e criticou minha irmã. Disse: "sua irmã é maria vai com as outras". Pensei: o destino está me dando sinais. Se eu ouvir mais uma vez "Maria", vou convidá-la para sair na sexta.

No fim da tarde, liguei o rádio. Coloquei na CBN. Era uma entrevista com Mário Sérgio Cortella. Eu sei: Mário não é Maria. Mas é a versão masculina. Para mim, o suficiente. Mensagem enviada. "A razão é escrava das paixões", ensinará David Hume. Como sinto falta de Maria vejo Maria em tudo o que não me falta. E tudo é um fundamento físico ou metafísico para que eu a procure. Por quê? Porque eu quero, desejo, sinto. É a razão a serviço das emoções.

Pergunto: o destino me deu sinais? Respondo: nenhum. Mas eu dei sinais ao destino. Sinais de que ando pensando em alguém.

Quando João quer muito ser juiz, qualquer toalha preta sobre a cama é toga, qualquer fofoca é denúncia e qualquer concurso, no mês do seu aniversário, é presente. E não é o destino dando sinais a João. É o coração de João avisando o que se passa por lá.

Geralmente, procuramos explicações externas para o que acontece internamente. Mas precisamos também procurar explicações internas para o que acontece externamente.

Precisamos entender o motivo de estarmos nos comportando de determinada forma. O coração é um guia. Ele deve nos orientar em nossas decisões. E ninguém precisa nos lembrar do que gostamos. Não é necessário anotar em qualquer lugar. Afinal de contas, "aquilo que está escrito no coração não necessita de agendas". Bom dia!

107
A ajuda indispensável

"Prendam-me ao mastro. Tapem seus ouvidos. Não atendam ao meu clamor". As frases que inauguram o texto inauguram sua vida em alguma fase.

Ulisses passava por uma ilha. Queria ouvir o canto das Sereias. Mas diz a mitologia: quem ouve o canto, encanta-se, aproxima-se da ilha e choca a embarcação com as rochas. O navio afunda, os bens se perdem e os marinheiros são devorados pelas sereias.

Ulisses tinha consciência disso. Pediu aos marinheiros que colocassem cera nos ouvidos e que o amarrassem ao mastro. Advertiu-os: "ainda que eu peça para que me soltem, não me soltem". Eles obedeceram. Ulisses ouviu o canto, não conseguiu se atirar ao mar e, assim, pôde viver.

Em determinados momentos da vida, somos Ulisses no barco. Perdemos a racionalidade. De repente, nos vemos envolvidos por algo ou alguém que subtrai de nós toda capacidade de resistência. Vivemos a vulnerabilidade de quem não pode decidir por si.

Vejo pessoas que estudam para concursos e são assim. Não enxergam vida fora da ilha "concursal". Querem se aprofundar nos livros, mas se afundam. Superdimensionam a vida após a aprovação e "morrem". Em nome de um sucesso futuro, permitem que o barco presente colida com as rochas do fanatismo, que seus bens materiais e imateriais sejam destruídos e que sua vida seja devorada. É a benção que almejo promovendo a destruição do que já conquistei.

E isso se expande para todas as áreas da vida. É a obsessão profissional destruindo o casamento e o casamento desequilibrado destruindo a profissão. E como não conseguimos nos libertar disso por nossas próprias forças, permitimos que tudo ao nosso redor e em nós seja consumido.

O que fazer nesse momento? É preciso ser Ulisses por completo. É preciso ter a humildade de reconhecer que esse desequilíbrio não pode ser vencido por você sozinho. É preciso pedir ajuda aos marinheiros que estão no seu barco.

Assim, um dia, você vence a ilha. Um dia, essa situação passa. Fica a história, a experiência e o dever. Mas que dever? O dever de ser "marinheiro" na vida de alguém. Bom dia!

108
Três lições

Uma ilha, uma caverna e muita comida. Ulisses, seus companheiros e uma ideia: entrar. Mas a ilha era habitada por ciclopes e a caverna era do ciclope Polifemo. À noite, o gigante de um olho só volta, fecha a entrada da caverna com pedra enorme e encontra os guerreiros.

Eles clamam por hospitalidade, mas Polifemo não os ouve, devora um deles e dorme. Nesse momento, Ulisses pensa em matá-lo, mas lembra-se: apenas Polifemo teria forças para retirar a pedra da entrada.

Pela manhã, outros marinheiros são devorados. O ciclope sai. Ulisses e seus companheiros têm nova ideia. Encontram um pedaço de madeira, cortam-no e o deixam pontiagudo. Preparam vinho a Polifemo. Aguardam seu retorno. Ele volta.

Assim que entra, o gigante devora mais prisioneiros. Então, Ulisses lhe oferece a bebida. Ele experimenta e gosta. Repete. Pergunta o nome de quem lhe servia. Ulisses responde: "Ninguém. Meu nome é Ninguém". Ciclope embriaga-se e dorme. Os prisioneiros, então, furam seu único olho. Ele acorda cego e clama por socorro. Outros ciclopes vão à entrada da caverna e perguntam-lhe: "quem o feriu?". Polifemo grita: "Ninguém me feriu". Os gigantes pensam que ele está louco e vão embora.

No dia seguinte, o ciclope abre a caverna e, para ter certeza de que nenhum dos guerreiros escaparia vivo, fica na porta, passando a mão por cima de cada ovelha que saía. Ulisses amarra 3 ovelhas, posiciona-se embaixo delas e consegue sair. Seus companheiros fazem o mesmo. Polifemo é vencido.

Agora, as lições.

1ª: imediatistas não têm vida longa. Tivesse Ulisses matado Polifemo na primeira oportunidade, teria vencido o gigante, mas morreria preso na caverna. É preciso pensar nas consequências futuras, e não só nas presentes.

2ª: há momentos em que é melhor ser Ninguém aos olhos do outro. Não ser notado antes de vencer poupa você de novos inimigos.

3ª: por vezes, na vida, parece não haver escapatória para uma situação. De repente, você se descobre preso em caverna, com monstro enorme e rocha gigante na saída. Nesse momento, é preciso ter calma, obstinação e sabedoria. Calma para não criar mais problemas. Obstinação para encontrar "madeira, vinho e ovelhas". E sabedoria para saber usá-los. Bom dia!

109
Tropeços

Uma pesquisa do grupo CMI me chamou a atenção. Nos Estados Unidos, 70% dos negócios iniciados por idosos são bem-sucedidos. Sete de cada dez novas empresas prosperam. Já, quando a faixa etária dos empreendedores muda para 30 anos, o percentual cai. Cai vertiginosamente: apenas 28% progridem. Então, pergunto: por quê?

Você me dirá: experiência. Mas vejo pessoas com enorme experiência cometendo os mesmos erros da juventude. Conclusão: não basta a experiência. O ter caído antes não impede o cair depois.

Medito um pouco mais. Concluo: o que evita a queda é a experiência refletida. É o tropeço pensado, repensado e superado. É o tempo investido na descoberta do motivo do meu erro. Se eu não percebo a pedra que me derruba, ela sempre estará lá. E sempre me derrubará. É preciso tirá-la do caminho.

Tirá-la sem ser cruel consigo mesmo. Sem se condenar eternamente pelo erro. Entenda: só tropeça quem está em movimento. Sempre que você estiver disposto a avançar, estará sujeito a errar. Movimentar-se é arriscar-se.

Eu sei: alguém optará por não correr riscos. E, quando você cair, ele dirá: "eu avisei". Esses são aqueles que Guanaes chama de analistas da vida alheia. Mestres em falar sobre o que não entendem. Tudo bem, eles não caem. Não caem porque estão parados, imobilizados e prontos para ser pedra na vida de alguém. Eles são pedra de tropeço na vida de quem os ouve. Não ouça quem empresta a voz à mediocridade e quer inibi-lo de um sonho legítimo, lícito e extraordinário.

Entenda: cada tropeço refletido é uma pedra a menos e uma chance a mais de vencer amanhã.

Agora, se você é jovem e quer evitar tropeços, aplique a pesquisa. Como? Ouvindo as vozes da experiência. As vozes de quem já tropeçou diversas vezes e pode instruí-lo a não cair. Pessoas mais velhas percebem pedra onde você vê flor e flor onde você vê pedra. Ouça-os.

Por fim, a pesquisa traz ótima constatação: quanto mais velho, maior a chance de acertar. Suas chances de hoje são maiores do que as de ontem. Continue tentando. Bom dia!

110
Fases

"Conhece-te, aceita-te, supera-te", dirá Santo Agostinho.

João, Carlos e Antônio estão em uma mesma fase da vida. Todos trabalham em multinacional. E todos viram seu salário médio cair de 20 mil reais para 10. Só que cada um seguiu um caminho.

João tomou ciência das circunstâncias, reuniu-se com a família e adotou providências. Substituiu a empregada por diarista, cortou jantares caros, cancelou a viagem de fim de ano. Eles passarão o Réveillon no sítio. João foi agostiniano. Ele conheceu sua fase, aceitou-a e, agora, em paz, trabalhará para superá-la. Mas a maioria de nós não é João.

Carlos tomou ciência das circunstâncias, adotou providências, mas não aceita a mudança temporária. Para ele, é especialmente custoso trocar restaurantes, cortar viagens, dispensar alguém. Carlos adota as medidas, mas carrega consigo revolta. Quem conhece Carlos na fase em que está percebe um inimigo da vida. Ele conheceu sua fase, mas não a aceitou. E isso tornará mais penosa sua superação.

Já, Antônio é o pior deles. Antônio ignorou as circunstâncias. Não se reuniu com ninguém, manteve o padrão e, claro, a matemática prevalecerá. Doze meses depois, Antônio estará afundado no cheque especial. Ele não quis conhecer sua fase, logo, não a aceita e, como consequência, dificilmente a superará.

Quem é você na fase em que se encontra? Você é João, Carlos ou Antônio? Você compreende seu momento, aceita a realidade e trabalha com leveza para superá-la? Ou você, apesar de ter senso das circunstâncias, não as aceita? Carrega consigo revolta por a vida não ser como planejada? Ou, pior, você ignora seu momento? Você é pai de adolescente, mas desconhece suas responsabilidades? É bacharel em Direito, mas negligencia seus deveres? É casado, mas vive como solteiro? Perceba: sua fase de "sem filho", estudante e solteiro já passou. É preciso compreender isso, aceitar a mudança e, assim, ter sabedoria para superar as dificuldades que cada fase traz.

Hoje é domingo, dia de reflexão. Portanto, pergunte a si mesmo: em que fase da vida eu estou? Qual a melhor forma de passar por ela? E como posso torná-la mais leve? Quanto a mudar de fase, não se preocupe. Tudo muda. Importa que mude para melhor. Bom dia!

111
O determinismo do ambiente

Imagine que você seja uma árvore. Para que dê flores e frutos, é preciso que você esteja sob determinada temperatura, submetida a certa umidade do ar, em um solo com combinação ideal de nutrientes. Mas você não está. Você nasceu ou foi transportada para outro ambiente. Temperatura acima da desejada, umidade do ar abaixo da recomendada e solo pobre em nutrientes. Claro, você não produz flores e frutos.

Em algum momento, alguma outra árvore, que está no ambiente ideal, olhará para você. Ela terá flores e frutos. Você, nada. É possível que ela, você e o mundo cheguem à mesma conclusão: ela é melhor do que você. Mas a conclusão está equivocada. Você não é uma árvore pior. Você apenas está no ambiente errado.

O ambiente é determinante.

Ed René nos traz um dado. A expectativa de vida no distrito de Pari, na cidade de São Paulo, é de 54 anos. Mudando de ambiente, na mesma cidade, mas em Pinheiros, a expectativa sobe para 80. Conclusão: o ambiente determina até os meus anos de vida.

Se você continuar em um meio de extrema frieza, sequidão e ignorância, não será possível que você produza seus melhores frutos.

Mas como saber se você está fora do ambiente ideal? É simples: basta sentir. Quando estamos fora do nosso ambiente, não temos sensação de pertencimento. E você pode ter a sensação de pertencimento em uma cidade na qual nunca morou e não sentir-se parte da cidade em que nasceu. Por quê? Porque cada local tem seu jeito e cada pessoa também. Você precisa estar em um local que tem um jeito que combina com o seu. Isso é pertencimento.

Quando se está fora do ambiente ideal, há apenas duas opções: mudar de ambiente ou mudar o ambiente. Mas o que costumamos fazer? Continuamos onde estamos e da forma como estamos por comodismo.

Por quê? Porque preferimos o conhecido ao desconhecido, o descanso tedioso ao esforço revolucionário.

Por fim, se você se sente fora do seu meio, hoje é dia de responder a uma simples questão: mudar de ambiente ou mudar o ambiente? Continuar como está, jamais. Bom dia!

112
Hoje

Hoje, liguei. Comunicado de que, mais uma vez, o primeiro lugar do concurso era nosso aluno, liguei. Liguei para parabenizar Gabriela Rodrigues. E, até aí, tudo bem. O que eu não sabia era que ela não sabia. Portanto, vamos à ligação.

Uma conversa séria e educada. Identifiquei-me, respirei e expliquei. Expliquei o motivo do contato: "é pra te dar os parabéns pela aprovação no TJSP!". De repente, uma pergunta engasgada e em pausas: "eu passei?" E uma resposta entusiasmada e direta: "passou, e não apenas passou, mas passou em primeiro lugar". Nesse momento, ouvi lágrimas. Lágrimas que transbordavam a ligação. Na verdade, eu vi lágrimas. Era impossível não visualizar uma mulher do outro lado da linha chorando o seu vencer.

É que a vitória, leitor, quando legítima, tem dessas coisas. Ela produz choro. De vez em quando, é bom chorar.

Aos que continuam lutando, fica a inspiração. Confesso que restei emocionado. A aprovação, parafraseando Shakespeare em "O mercador de Veneza", é dupla benção: abençoa o aluno, que passa, e o professor, que vê sua aprovação.

Preciso registrar meus parabéns a ela, aos nossos diversos alunos aprovados e aos nossos professores e equipe, que têm trabalhado para que mais choros sejam ouvidos (e vistos). Continuem caminhando. Cada dia, mais próximos.

113
Consciência

José, 86 anos e um câncer no fígado. Ele não sabe da doença. Hoje, ao dormir, José morrerá pelo rompimento de uma artéria. Dormirá e não acordará. Pergunto: ele tem câncer? Respondo: não. Ele terá vivido e morrido sem saber o que é um câncer. Falta-lhe consciência. E a falta de consciência é uma benção.

Maria, 40 anos, e um egoísmo extremo. Ou as coisas são do jeito de Maria, ou não são. Programas, refeições e viagens ela define. Os melhores comentários, opiniões e decisões ela dá. O mundo é "mariacêntrico". Mas ela não percebe. As pessoas convivem com Maria, e se afastam. Viajam, mas não a convidam. Saem para jantar, e não a chamam. Maria sente-se solitária. Ela não entende o motivo. Falta-lhe consciência. E a falta de consciência é uma maldição.

Ter consciência: benção ou maldição? Depende.

Se você se sente em paz, por que procurar o problema? Não me refiro a check-ups rotineiros. Refiro-me a obsessões por adversidades que algumas pessoas têm. Gente que encara a falta de um problema como um problema. Humanos que não admitem a vida feliz. Se tudo está certo, há algo de errado. Precisam descobrir onde está o erro. Mas o erro está na sua cabeça, que exige a compensação do prazer com a dor, como mecanismo de justiça.

É preciso aceitar o bom momento. Se você percebe a prosperidade em seu trabalho, nas suas relações e em sua família, não permita que uma neurose lhe subtraia a paz. Viva a sua benção. A falta de consciência de qualquer problema pode ser uma dádiva.

Por outro lado, a tristeza é um alerta. Se você vive momento infeliz, procure a causa. Se esse momento é uma constante, descubra o gerador do desequilíbrio. Muito provavelmente, você se surpreenderá. Geralmente, o responsável pela "solidão" é o próprio solitário. Logo, só ele pode se tratar. Como? Em primeiro lugar, tendo consciência. Ter consciência, nesse caso, é uma benção.

Por fim, deixo resumo salomônico: para tudo há um tempo na vida. Há tempo para descobrir o problema e há tempo para deliciar-se com a solução. Bom dia!

114
Inteiro

Carlos perdeu a carteira. Maria, o concurso. E João, a namorada (ela arrumou um francês no intercâmbio). Os três lamentam. E as três perdas merecem alguma lamentação. Mas há algo de libertador nos fatos: é que, apesar das perdas, os sujeitos continuam inteiros. Os três permanecem intactos, mesmo em cacos um ou outro coração.

E é preciso ter consciência disso. Somos maiores do que as coisas que temos, do que as circunstâncias que vivemos e do que as relações que mantemos. Somos maiores.

Por vezes, esquecemo-nos disso. Prendemo-nos às coisas e fazemos delas partes nós. Coisificamo-nos. Aí, lamentamos a perda de um bem como se parte de nós tivesse morrido. Mas não morreu. Algo fora de você pode ter se desprendido, mas você continua íntegro. Você continua você. Ou melhor, você voltou a ser você.

Em 2017, relações, oportunidades e bens podem ter se esgotado. Mas, se você lê esse texto, você não se esgotou. A sua pessoa continua aí. Você continua inteiro. Não se vá com aquilo que se foi.

Às vezes, a vida é demasiadamente difícil. Você quer fazer algo e não pode. É o que Ferreira Gullar chama de "liberdade pequena". Outras vezes, você quer ter prazeres, mas os custos são altos demais. É o que o mesmo poeta traduz como "pão caro". Mas, se Ferreira Gullar estivesse vivo (ele nos deixou há um ano), você poderia perguntá-lo: "poeta, mesmo com tantos pesares e apesares, a vida vale a pena?" E ele, antecipando sua pergunta, já nos deixou a resposta:

"Como dois e dois são quatro
sei que a vida vale a pena
embora o pão seja caro
e a liberdade pequena
Como um tempo de alegria

por trás do terror me acena
e a noite carrega o dia
no seu colo de açucena — sei que dois e dois são quatro
sei que a vida vale a pena..." Há um tempo de alegria e um novo dia esperando por nós. Em 2018, a vida continuará valendo a pena. Aproveitemos. Bom dia!

115
Luz

"É impossível lançar alguma luz sobre a própria vida sem iluminar, em algum ponto, a dos outros", dirá Simone de Beauvoir em A força da idade.

Um homem luta, vence e, consequentemente, experimenta o produto do seu labor. Ele joga luz sobre a própria vida. E, mesmo sem perceber, ilumina o ambiente em que está. Abençoa as vidas ao seu redor. Faz sorrir os lábios próximos. Até aí, o discurso é perfeito e o incômodo, nenhum.

Mas o tempo é senhor dos incômodos. E o comodismo dos acomodados é espinho nas costas do batalhador. Percebe ele que muitos participam da colheita, mas pouquíssimos do plantio. E parece injusto que alguém usufrua do esforço de outrem. Porém, Simone nos ensinará: não é uma questão de justiça, mas de física. Ou, em suas palavras, "é impossível lançar luz sobre a própria vida sem iluminar a dos outros". No entanto, o que o sujeito faz? Incomodado com o comodismo alheio, diminui a própria luz, perde parte das qualidades, enrijece o coração. E qual o drama? O drama é que a leitura, a contrario sensu, da máxima de Beauvoir é igualmente verídica: é impossível diminuir a luz do ambiente sem tornar a própria vida mais escura. A perda das suas qualidades em razão dos defeitos do outro é, agora, um defeito seu. O texto de hoje é um convite à reflexão de você que se percebe cansado de procurar tornar a vida mais leve, iluminada e aconchegante em seu meio, enquanto os outros, que gozam de leveza, luz e aconchego, não fazem nada. Não permita que o sentimento de exploração faça com que você se torne uma pessoa pior. Se um dia a situação se tornar insustentável, vá iluminar outro local, mas não deixe de ser luz.

Por fim, ensinará Padre Antônio Vieira: "há homens que são como as velas; sacrificam-se, queimando-se para dar luz aos outros". Talvez você seja uma vela. Hoje é véspera de Natal; véspera do aniversário da maior vela que já existiu. Inspire-se Nele. Bom dia!

116
Aprovação

"A sociedade é um buraco sem fundo", dirá o psicanalista Marco Aurélio Lobo.

João é solteiro. Alguém diz: namore. João namora. Alguém diz: case-se. João se casa. Alguém diz: tenha filho. João tem um filho. Alguém diz: um é pouco. João tem dois filhos. Alguém diz: é preciso ter uma filha. João tem dois filhos e uma filha. Alguém diz: três é demais. Em resumo, as demandas sociais nunca se acabam. Pergunto: por quê?

Marco Aurélio responde: "porque vivemos em uma sociedade contaminada por insatisfações próprias que se traduzem em cobranças alheias". É o cisco no olho de João que faz Antônio esquecer-se da própria trave. Logo, por mais que o indivíduo tente ser aprovado, haverá sempre uma dívida social. Por mais que ele tente pagá-la, o débito é impagável, é doentio. E a doença da sociedade é crônica.

Somos educados para buscar aprovação social. Desde criança, mandam-nos vestir a roupa que alguém diz ter ficado bonita, não a que efetivamente queremos. E assim fazemos. E assim vamos sendo esvaziados dos nossos próprios desejos e preenchidos pelos desejos alheios.

Mas Simone de Beauvoir, não. A escritora foi e é um dos maiores símbolos de todos os tempos de autoafirmação. Ela era quem era, enquanto era e da forma que era. Por isso, dirá Simone: "ocorrera-me viver em contradição com os que me cercavam, mas nunca comigo mesma". Por isso, ela fez história. Mas, concordo, nem todo mundo tem a força da francesa.

Só que hoje é o último dia do ano. E, antes que você se vista para que alguém ache você bonito; antes que você vá a uma festa para que alguém ache você feliz; antes que você beba para que tudo o que não faz sentido pareça fazer algum, pergunte-se: "eu mesmo me acho bonito? Eu mesmo me sinto feliz? Eu mesmo vejo sentido em tudo isso?" E, se houver tempo para fixar mais uma meta para 2018, fica a sugestão:

recuperar o respeito pelos seus sentimentos, pelas suas convicções e pelos seus desejos. Valendo-me de Caetano, recomendo: respeite mais as suas lágrimas. Os sentimentos, as convicções e os desejos dos outros são importantes, mas não são os seus. É hora de ser um pouco mais De Beauvoir. É hora de ser um pouco mais você. Feliz ano novo!

117
Identidade

Identidade: quem eu sou. Calma. A definição está incompleta. Identidade: quem eu sou e quem as pessoas dizem que eu sou. Da junção das duas ideias nasce a minha identidade. Isso é o que ensina Pedro de Abreu, o brasileiro que dirige os estudos de inteligência artificial e ciência cognitiva na Harvard Kennedy School of Government.

Por que algumas pessoas sofrem um menor abalo ante a reprovação social? E por que outras sofrem tanto? Simples: as primeiras dão maior peso à "autoidentidade". Elas dizem: "eu me conheço. Eu sei que não sou essa pessoa que alguns dizem que eu sou". Já o segundo grupo confere maior importância à definição social de sua pessoa.

O que não é possível (mas é mentirosamente propagado)? Não é possível dizer que você não se importa em nada com o julgamento alheio. Por quê? Porque a sua própria identidade é formada, em parte, por ele.

Mas o que não pode ocorrer? Você não pode conferir peso superior à definição externa em comparação à interna. Entenda: socialmente, será inevitável que você sofra algum tipo de condenação.

O psicanalista Marco Aurélio Lobo é autor da seguinte frase: "você é uma afronta". O simples fato de você existir já causa repúdio em algumas pessoas. Porque o simples fato de você ser faz algumas pessoas se lembrarem do que elas não são. Logo, elas não gostam de você. E por mais que você tente fazer com que determinada pessoa goste de você, isso não será possível. É o seu eu que a incomoda. E só há um jeito de não a incomodar: anulando o seu ser. Ou, em outras palavras, deixando de ser você mesmo. Paulo de Tarso dirá: "no que depender de nós, tenhamos paz com todos os homens". Logo, há inimizades que não dependem de nós. São causadas não pelo que fizemos, mas por quem nos tornamos.

O texto de hoje é um convite a uma visão amadurecida de si mesmo. A visão de alguém que consegue entender que há um peso na formação da sua identidade proveniente da definição social de quem ele é. Mas que consegue conferir maior valor à definição interna de si mesmo, impedindo a desnaturação do eu pelo outro.

Por fim, faça a si mesmo três perguntas: quem eu sou, quem eles dizem que eu sou e qual das duas respostas é a mais importante?

118

O que é amar?

Amar é sentir falta na presença. É saudade antecipada.

Amar é ver-se em dois pedaços. E todo dia esses dois pedaços se separam às oito e se encontram às dezoito. Amar é separar-se e encontrar-se todos os dias.

Alguém fala em amor próprio. Mas, se eu e a outra pessoa somos uma só carne, então amá-la é amor próprio. Apreciá-la é apreciar-me. Cuidar dela é cuidar de mim.

Amar é cuidar. Amar é cuidar sem agenda, porque a agenda do amor é amar. Se for preciso escrever, não é amor. O amor, inspirado em Rubem Alves, dispensa anotações.

Amar.

Amar é verbo que se conjuga no olhar, no tato e no olfato. Amar é ver o outro e ver-se no outro. É sentir, cheirar, tocar.

Mas amar, amar mesmo, é ouvir. O amor exige audição. Amar é ouvir o outro. E é ouvir do outro em que ponto precisamos mudar. Toda mudança exige amor. E todo amor exige mudança. Por quê? Porque é impossível ser o mesmo quando se decide amar.

119
O que você espera de você?

O que você espera de você? E o que as pessoas mais próximas de você esperam de você? As respostas às duas perguntas, em regra, não coincidem.

Mas, ante a não coincidência, o que você faz? Alguém terá que ficar contrariado, pelo menos por um tempo. E esse alguém ou é você, ou são os outros.

Então, talvez, seja esta a grande pergunta: quem você irá contrariar?

Eu sei, muitas vezes, seus pais não pensam como você. E isso é difícil. Mas eu aprendi duas coisas sobre os nossos pais. Primeira: eles não querem que soframos. Segunda: eles querem que cresçamos. Logo, nossos pais nos indicarão sempre um caminho de crescimento relativamente seguro.

Quando somos crianças, adolescentes e jovens, nossos pais determinam o rumo das nossas vidas. Mas, como disse J. K. Rowling aos formandos de Harvard, "há um prazo de validade para o ato de culpar os pais por desviarem você da sua vocação". Depois de uma certa idade, não importa o que os seus pais fizeram com você. Importa, na visão de Sartre, o que você fez com o que os seus pais fizeram com você.

Por fim, fracassar é um medo comum e em comum. Mas é uma bobagem. Viver sem nenhum fracasso é não viver. Quem nunca caiu é porque nunca se levantou. E por mais esperto que alguém seja, "talentos e inteligência nunca vacinaram ninguém contra os caprichos do destino". Sofrer faz parte da vida de quem decidiu ser feliz.

Concluindo, pare a encenação. Se você não pretende viver uma contradição interna, não quer apontar os dedos para o passado, nem deseja sucumbir ante fracassos atuais, fica o conselho da mulher que vendeu mais de 450 milhões de livros, J. K. Rowling: "pare de fingir para você mesmo ser uma pessoa que você não é". Logo, esqueça todas as perguntas acima, com exceção da seguinte: o que você espera de você?

120

O que vem depois?

Uma porta leva a outra porta. E uma porta abandonada é o abandono de várias portas. Mas nós não percebemos.

João, 40 anos, advogado. Aos 25, quis ser juiz. Aos 30, desistiu. Aos 40, arrependeu-se da desistência. Por quê? Porque desistir do que inspira a alma é a pior das decisões que um homem pode tomar. Ante a dificuldade de encontrar a chave que abrisse a porta, João a abandonou. Aos 30, pensou ser uma porta. Aos 40, percebe as portas por trás da porta. João abandonou a mudança de cidade, a realização profissional, o cotidiano de uma vara, as milhares de sentenças que teria proferido, as centenas de audiências que teria presidido, a atividade docente na escola da magistratura. Enfim, João abdicou de um estilo de vida. Vive outro, é verdade. Mas o outro ele nunca desejou viver.

Qual a diferença entre jovens e idosos? Talvez seja esta: o jovem enxerga a porta. O idoso vê as portas por trás da porta. O jovem pensa que é só um namoro com muitas "emoções". O idoso percebe um casal desequilibrado, ferindo-se ao longo da vida e transmitindo todo esse desequilíbrio aos filhos.

É preciso pensar no que vem depois. É preciso refletir sobre as portas por trás da porta em que você se encontra.

Concordo que há o imponderável, o imprevisível e o invisível. Mas há muitas portas perceptíveis por trás da sua porta atual. E você não pode desconsiderá-las quando tomar a decisão de continuar ou desistir.

Pensar no que vem depois teria feito João continuar. Refletir sobre as portas por trás da porta teria feito o jovem casal terminar. Muitos dos nossos arrependimentos são causados porque não pensamos no que vem depois.

O texto de hoje é um convite à seguinte reflexão: quais portas existem por trás desta porta em que você se encontra? Vale a pena continuar lutando para abri-la, mantê-la aberta? Ou é melhor fechá-la definitivamente e permitir-se uma nova porta? Se você tivesse 20 anos a mais, o que diria a si mesmo diante desta porta? Continue ou pare imediatamente? Pense. Bom dia!

121
A vida é uma árvore

"A vida é uma árvore. Firmado em suas raízes, você começará pelo tronco. Em algum momento, terá que decidir qual dos ramos tomará. E os ramos maiores o levarão a ramos menores e, assim, por diante". Joana e Carlos são irmãos. Mesmas casa, criação e oportunidades. Praticamente, o mesmo tronco. Ao fim do ensino médio (fim do tronco), Joana optou por fazer medicina. Carlos, direito. Mas poderia ser o inverso. Alguns anos depois, ao fim da faculdade, Joana decidiu por pediatria e Carlos, pela magistratura. Aqui, já não poderia ser o inverso. Ramos diferentes levam a raminhos diferentes. A vida é uma árvore.

Paremos para reflexão. As possibilidades de escolha diminuem à medida que avançamos, que tomamos decisões. Claro, você pode retornar. Mas todo retorno é sacrificante, custa tempo e significa começar do zero. Errar é natural. Ser inconsequente, quando o assunto é a sua vida, não. Isso é tolice. Todo ramo indica o que traz depois. Respeite o seu futuro.

Em algum momento, Joana passará por situação adversa. Será médica em hospital municipal sem estrutura, desrespeitada por pacientes revoltados com o sistema, do qual ela também é vítima, e com o salário atrasado há três meses. Neste momento, Joana pensará: "se eu tivesse tomado o caminho de Carlos, não estaria passando pelo que passo". É verdade. Estaria passando por outras pedras, que ela não enxerga.

Temos um costume danoso. O costume de comparar o real, que vivemos, com o ideal, que não vivemos. E, nessa comparação, quando se experimenta momento difícil, o ideal sempre vence. Porque o ideal não tem defeitos. Logo, fica a lição: não compare a vida que você tem com a vida que você não teve.

Por fim, aceite: a vida exige que você escolha um ramo. É preciso avançar. Mas, tendo escolhido o seu, esqueça o do vizinho. Cada caminho tem também as suas particulares alegrias. Viva cada uma delas. Bom dia!

122
O prazer que vem depois

"Só há duas razões para fazermos o que fazemos: ou porque é bom, ou porque é a coisa certa a fazer", dirá o escritor americano Mark Manson. E, geralmente, as duas razões não coincidem.

Quinta-feira, qualquer mês, 2018. Chefe estressado no escritório, cliente barraqueiro no telefone e trânsito parado na volta. Um ônibus quebrou no meio da avenida. Você chega em casa esgotado. Olha para o espelho e enxerga a alma: um defunto vivo. Saca a frase de autoajuda mais próxima e repete: eu sou disciplinado. Liga o computador, coloca na videoaula e descobre: hoje é dia de direito ambiental. Tudo bem, não é o fim do mundo. Aí, você clica sobre a seta, ajusta o volume e percebe o tema: política nacional de recursos hídricos. Bem-vindo ao fim do mundo. E, como toda miséria própria exige prosperidade alheia, você ouve alguém gargalhando no quarto ao lado. Ele assiste a uma série no Netflix.

Pergunto: o que é bom? Bom é tirar o sapato, fazer pipoca e assistir ao seriado. Isso é o bom. Mas questiono: o que é a coisa certa a fazer? A coisa certa é assistir à aula sobre PNRH. Decida.

Eu sei, a decisão é simples. Simples e difícil. E, na hora da dificuldade, somos uma indústria de desculpas.

Queremos convencer-nos de que o bom é o melhor. Somos advogados em causa própria. Corrigindo: advogados contra a causa própria.

Frases do tipo "hoje o estudo não vai render", "eu mereço a sobremesa depois do estresse", ou a clássica "um dia só não faz diferença" revelam o fascínio pelo prazer imediato.

Só que não percebemos que desperdiçamos o prazer que vem depois. Quando você vai à academia, mesmo cansado, há um prazer no retorno para casa. O prazer do dever cumprido. E, a médio prazo, o corpo se transforma. Depois, vem o prazer de viver neste novo corpo.

Quando você estuda, mesmo sem vontade, você dorme com o prazer de ter batido a meta. E, se isso se torna um hábito, em algum momento, você é aprovado. E depois? Depois, vem o prazer de viver como se quis viver.

O texto de hoje traz duas perguntas. Primeira: será que você não anda optando demais pelo que é bom e deixando de fazer a coisa certa? Segunda: por que trocar prazeres maiores por prazeres menores? Bom dia!

123
A diferença entre a sua sabedoria e a sabedoria de Deus

O texto abaixo pressupõe fé. Se você não tem, recomendo a não leitura. Ele perderá completamente o sentido.

Comecemos.

Justificativa: motivo de fazermos o que fazemos. Uma boa justificativa: um bom motivo. Então, se há bons motivos para fazer o que faço, o que faço é sábio. Certo? Nem sempre.

Qual o princípio da sabedoria?

Salomão, depois de ter conquistado tudo o que queria e de ter se tornado o homem mais sábio da história, chega a uma conclusão: "o princípio da sabedoria é o temor ao Senhor". Temor não é sentir medo de Deus. É obedecer. A sabedoria, segundo a descoberta do rei sábio, é resumida em uma frase: obedecer a Deus. Fora disso, ainda que sua justificativa seja excelente, não há sabedoria.

Salomão está dizendo: por melhor que pareça um caminho, se não é a rota que Deus traçou para você, ele não é um bom caminho. Pode ser bom para José, João ou Carlos. Mas não é para você.

Morar em Chicago é maravilhoso, salvo quando o plano divino é tê-lo no Brasil. Ser advogado é excelente, exceto se Deus quer vê-lo na magistratura.

Mas alguém pode aconselhá-lo a morar em uma cidade ou a seguir uma profissão. E os conselhos deste alguém podem ser sábios aos olhos do homem. Só que aí está a diferença. A sabedoria do homem é uma sabedoria de probabilidades, e não de certezas. O caminho provavelmente é bom, mas pode não ser. Já a sabedoria de Deus é uma sabedoria de resultado. No final das contas, a conta Dele estará certa. Deus conhece o futuro. Ele já está lá.

Por fim, São Tomás de Aquino dirá: Deus deu ao homem liberdade. Você pode tomar a rota que preferir, que parecer mais sábia aos seus olhos.

Mas penso que não podemos nos apoiar em nossa própria sabedoria na escolha da rota. Pessoalmente, faço simples oração: "Deus, na minha liberdade, escolho que o Senhor escolha". E, se persiste a dúvida, peço respostas ao Senhor. Peço sinais, confirmações e paz. É o tal do "pedi e dar-se-vos-á". Em algum momento, a resposta vem. E, com ela, a paz. Se você estiver passando por momento de indecisão, eis uma boa prece. Bom dia!

124
O sofrimento

Homo sapiens, o homem que sabe. A inteligência que o distingue das demais espécies. *Homo sapiens sapiens*, o homem que sabe que sabe. A consciência que permite ao humano viver melhor. O entendimento sobre suas limitações, vulnerabilidades e possibilidades.

Você está com fome, abre o congelador, pega uma torta. Coloca no forno, assa e come. *Homo sapiens*. Em seguida, quer uma sobremesa. Mas se recorda de que está acima do peso, pré-diabético e sedentário. Decide não comer. *Homo sapiens sapiens*.

Consciência: compreensão do mundo interior, percepção do que é moralmente correto ou não. Agir "sem consciência": agredir seu mundo interior, ignorar sua percepção moral.

Quem é você? Você é senhor sobre os seus desejos ou seus desejos comandam a sua vida? Claro, todos nós oscilamos. Mas, geralmente, quem é você?

Sofrimento: ação de sofrer, sentir dor. Todos padecem em algum momento da vida. Mas, nem sempre, ao ver alguém sofrendo, você deve intervir. Por vezes, é preciso que aquela pessoa passe por aquela dor. E essa pessoa, de vez em quando, pode ser você. E, se for, cresça na dor.

Mas alguns sofrimentos são fruto da sua insistência no erro. Como ensina o psicanalista Marco Aurélio Lobo, "você não precisa tomar toda a água do mar para descobrir que ela é salgada". Basta um copo. Depois, se você continuar no caminho do erro, é porque age "sem consciência". Trata-se, em última instância, de uma involução.

Hoje, pense: por quais motivos você sofre? Pensou? Então, faça duas listas. Uma, de sofrimentos causados pela vida. Outra, de sofrimentos causados por você. Pare de ser o seu próprio algoz. Evolua. Bom dia!

125

Mentiras extraídas da verdade

Carla namorou por 5 anos. E, depois de um movimento "sanfonístico", de idas e vindas, ela terminou. Se você perguntar a Carla o motivo, a jovem dirá: "ele decidiu se tornar juiz e, por isso, abdicou da vida social. Além disso, é 10 anos mais novo e mora com os pais. Não dá". Carla diz a verdade, mas extrai dela mentiras. Vejamos.

Algum tempo depois, em algum bar da Capital, Carla dirá: "homem não pode ser mais novo, nem morar com os pais e já tem que estar encaminhado profissionalmente. Se não, não dá certo". Eis o erro da jovem. Ela elege os motivos de raso como teses de doutorado. Mas teses estão sempre nos motivos de fundo.

No caso, as teses de Carla poderiam ser: "a depender da instabilidade profissional e do nível de foco em um projeto, uma relação pode não suportar". Ou então: "a diferença de momentos de vida (e não de idade) pode fazer com que pessoas 'combináveis' não combinem". E, por fim: "a dependência emocional dos pais tem o condão de tornar um bom companheiro uma má companhia". Mas, antes que você condene Carla, saiba: nós fazemos o mesmo.

Reiteradamente, extraímos mentiras de verdades. Tornamos o motivo de raso o motivo de fundo. Não refletimos sobre o porquê do porquê.

E qual a consequência? É que, assim, a experiência, em vez de nos ensinar, nos "emburrece" e nos embrutece. Em lugar de libertar-nos, o tapa da vida nos aprisiona, nos traumatiza e nos condena: tornamo-nos piores do que éramos.

Uma é a verdade. Outra é a sua convicção da verdade. Elas podem não coincidir. Nietzsche dirá: "as convicções são inimigas mais perigosas da verdade do que as mentiras". E talvez isso explique o relato de Simone de Beauvoir sobre sua vida como professora na escola: "eu preferia conversar com aquelas grandes meninas hesitantes a conversar com mulheres maduras, estratificadas em sua experiência". A experiência, por vezes, nos imobiliza.

Portanto, use a sua experiência ao seu favor. Do contrário, é melhor não a ter. Bom dia!

126
Os três "Eus"

Encontramo-nos em um restaurante. Pergunto: quem é você? Aí, você começa a se descrever. Mas a pessoa descrita não é você. Você não diz quem você é, mas quem você quer que eu pense que você é. Eis o seu primeiro eu ou, nas palavras da psicanalista Luciana Salum, eis o seu "eu ideal". E, em tempos de redes sociais, fica mais fácil a distinção entre quem você é e quem você quer que as pessoas pensem que você é.

O segundo eu é quem eu penso que sou, o juízo de valor que faço de mim mesmo. Por vezes, pessoas anunciam força, mas se julgam fracas. Pessoas "prontas para atacar" se entendem atacadas. E isso explica porque pessoas que se julgam menos do que são admitem um maltratar de "superiores". Quem não se aprecia admite o desapreço. E isso ocorre no trabalho, no amor, nas amizades.

Já o terceiro eu sou eu mesmo. Talvez o mais difícil de ser descoberto. Por isso, sou entusiasta da análise. Na análise, diminuo a distância entre quem penso que sou e quem sou.

Brennan Manning, em "O impostor que vive em mim", dirá: não é possível sair de casa sem vestir uma máscara. Logo, a exposição do eu nunca é completa. Mas o problema não está aí. Está na tricotomia exacerbada, quando a máscara deforma o mascarado.

A distância gigantesca entre quem eu penso que sou e quem eu quero que as pessoas pensem que sou produz alguém falso, artificial. E pessoas falsas são inautênticas. E pessoas inautênticas são solitárias. Porque só a autenticidade produz relações profundas e atrai outros seres humanos.

Ainda, distâncias exacerbadas entre imagem social, autoimagem e a essência de mim mesmo levam a um desequilíbrio emocional. Na solidão dos meus pensamentos, o fingimento continuado me destrói e me revolta. São as pessoas constantemente inconstantes.

E, por fim, eis o principal problema: pessoas separadas de si mesmo são infelizes. Se eu preciso convencer o mundo da minha felicidade, ela não existe. Adaptando Margaret Thatcher: ser feliz é como ser uma dama. Se você precisa dizer que é, é porque você não é.

Concluo: procure diminuir as distâncias entre os seus "eus". Você não precisa se esforçar para ser quem você não é. Você já é. E isso é o suficiente. Bom dia!

127
Feridas narcísicas

Narciso, do grego Narkissos, a partir de nárke, quer dizer "torpor", "o que faz entorpecer". Daí a explicação para narcótico. E, segundo a mitologia, Narciso era um sujeito belíssimo, entorpecido de si mesmo.

Já Eco, ensina Alexandre Simões, era uma ninfa que tinha o defeito de falar demais e foi amaldiçoada por Hera: só seria capaz de falar repetindo o que os outros dissessem.

Um dia, Eco se apaixona por Narciso. Fica encantada. E quando se encontram, Narciso pergunta: "quem está aí"? Mas Eco repete: "quem está aí"? Narciso fala: "aparece". E Eco diz: "aparece". Conclusão: Narciso, em suas relações, só recebe do outro ele mesmo. Ele trata os outros como espelho, buscando o eco de si próprio.

Todos temos traços narcisistas. A psicanalista Giselle Groeninga explica: "a criança, em tenra idade, pensa que pode tudo e que é tudo para a mãe. E a sua primeira ferida narcísica consiste na descoberta da não onipotência". Ela não pode tudo e a mãe ama outros também. E as feridas narcísicas se repetem durante a vida em todas as áreas.

Primeiro achamos que podemos tudo (onipotência). Em seguida, somos feridos em nossa vaidade. Sentimo-nos impotentes (impotência). Por fim, adquirimos maturidade e percebemos que podemos, não sem dor nem com perfeição, alcançar nosso intento.

É simples. João conhece Maria, apaixona-se e pensa em se casar. Mas, um dia, Maria termina a relação. Eis a ferida narcísica de João: ele foi rejeitado. João sente-se impotente. Só que, algum tempo depois, percebe que pode amar novamente, que pode se casar e que pode ser feliz em uma outra relação.

Destaquemos dois pontos.

O primeiro é ressaltado por Giselle: a variação "onipotência-impotência" deve ser, cada vez, menor ao longo da vida. A maturidade tem que nos fazer compreender que fracassos se apresentam no caminho. E temos que ser menos vulneráveis a eles.

O segundo ponto é o seguinte: algumas pessoas, após uma ferida narcísica, desenvolvem um sentimento perene de impotência. Anos depois, continuam se sentido incapazes. E essa é uma distorção da realidade. Se você se sente assim, saiba: você é capaz, não sem dor nem com perfeição, de concretizar desejos. Bom dia!

128
Agilidade emocional

Pegue papel e caneta. Ou melhor, pegue o seu computador. Escreva uma "autocorrespondência". Uma carta destinada a si mesmo. Escreva como se ninguém mais fosse ler. Só você. E relate o que você sente. Verdadeiramente. Essa é a recomendação de Susan David, a psicóloga premiada em Harvard e autora do livro "Agilidade Emocional", primeiro lugar na lista dos mais vendidos do Wall Street Journal.

Susan critica o que chama de a "tirania da positividade". Pessoas não aceitam mais sentimentos normais. Alguém está triste, com medo, decepcionado, mas nega todos esses sentimentos. Afirma para si mesmo que está bem. Proclama falsa felicidade. E, no máximo, classifica suas emoções como estresse.

Pior do que isso: ensina essas "táticas" a outras pessoas. Repassamos tais máximas enganosas. Basta pensar. Provavelmente, você já disse a alguém: "ele(a) não merece que você sofra" ou "você não pode chorar por alguém assim". Mas, meu prezado, essa pessoa tem que chorar pela decepção que vive. Ela precisa passar pelo luto do projeto que morreu. Tem que digerir a emoção. E, então, desenvolver habilidades para lidar com ela.

A psicóloga adverte: "classifique corretamente seus sentimentos". Não diga que você está estressado, quando o que sente é medo de estar na profissão errada, com a pessoa errada, no momento errado. Quando classificamos corretamente nossas emoções, somos capazes de diagnosticar suas causas. Aí, experimentamos rapidamente duas consequências. A primeira: percebemos o que é importante para nós. A sua emoção é um indício de que aquilo é importante para você. Se não fosse, você não ficaria tão alterado assim. Portanto, é um guia para saber em que direção você deve ou não ir. Já a segunda consequência consiste no desenvolvimento da habilidade de superação. A "autosinceridade" sentimental nos dá maior agilidade no processo. Evoluímos com maior rapidez. Daí "agilidade emocional". Mas como tudo isso começa? Começa com uma carta. Uma "autocorrespondência". Portanto, papel e caneta na mão. Bom dia!

129

O homem em estado de absurdo

"Os gestos de levantar, bonde, quatro horas de escritório ou de fábrica, refeição, bonde, quatro horas de trabalho, refeição, sono e segunda-feira, terça, quarta e quinta, sexta e sábado no mesmo ritmo...", eis os sinais de um homem em estado de absurdo, segundo Albert Camus. Um homem inserido em uma rotina que não lhe faz sentido, mas que o faz sentir. Sentir um tédio e uma tristeza crônicos. Só que ele prefere o tédio ao raciocínio e à coragem.

Qual a questão fundamental da filosofia? Camus responde: "... Julgar se a vida merece ou não ser vivida...". Em outras palavras, melhor do que perguntar por que você quer viver, responda: para que você quer viver? Qual a finalidade da sua existência?

Prenda a respiração por 30 segundos. Agora, diga o que você quer: respirar. Porque você quer viver. E a vida humana tem se resumido a isso. Queremos um emprego, uma companhia e uma viagem, porque, em última análise, queremos viver. E a depender do lapso temporal sem "respirar" em uma determinada área da vida, admitimos qualquer trabalho, qualquer pessoa, qualquer viagem. Queremos viver. Só que viver é apenas o pressuposto da pergunta filosófica fundamental. É preciso encontrar uma finalidade. Uma vida que merece ser vivida.

As pessoas param no pressuposto. Sentem-se entediadas, têm esperança em uma vida melhor, mas nem sabem, de fato, o que é uma vida melhor para elas. Mortas em suas ideias. Assassinadas por suas ilusões. Presas pelas circunstâncias. Entenda: esperança sem consciência é autoengano. E consciência é a busca pela nitidez. A esperança deve ser o procurar por outros caminhos, dentro da realidade, e não a espera de uma surpresa transcendental na estrada. A esperança merece ser filha da consciência, e não da mentira.

Então, como sair do estado do absurdo? Harley Lima dirá: "valorizando e criando sonhos para o futuro, mas também criando coragem". Por fim, hoje é um bom dia para você responder a uma simples pergunta: para que você quer viver? Bom dia!

130
Os otimistas desistem primeiro

Jim Stockdale, militar americano da mais alta patente, preso em campo de prisioneiros de guerra no Vietnã. Torturado mais de 20 vezes em oito anos, sem data para ser libertado, sem saber se sobreviveria. Sem direitos.

Entrevistado por Jim Collins, professor de Stanford, em "Feitas para vencer", Stockdale responde a duas perguntas. Primeira: "quem não suportou a prisão?" Resposta: "os otimistas. Os otimistas desistiram primeiro". Agora, ele explica: "quando fomos presos, os otimistas achavam que sairíamos no Natal. Mas o natal veio, passou e nada. Depois, diziam que seria na páscoa. Mas a páscoa também passou e não saímos. E, então, era Natal novamente. Continuávamos lá. Eles não resistiam". Collins faz a segunda pergunta: "como você resistiu?" O militar diz: "eu tinha uma fé inabalável de que venceria no final e, ao mesmo tempo, enfrentava a realidade nua e crua de que não sabia quando seria o final". Nascia o "paradoxo Stockdale": tenha convicção da vitória, mas enfrente a realidade diante dos seus olhos.

Qual o nosso erro? Colocamos o otimismo no tempo. Dizemos: até o fim do ano, serei aprovado! Aos 30, terei minha independência financeira! Aos 35, filhos! Só que você não controla o fator tempo. E isso é distorcer a realidade.

Quando agimos assim, o esgotamento do prazo nos frustra. O fim do tempo torna-se o "fim dos tempos". Desistimos. Deprimimo-nos. Abandonamos o projeto.

Aceite. Você não sabe quando vencerá seu desafio. Não diga: "serei juiz até dezembro de 2018". Diga: "serei juiz". E você será. O tempo vai passar de qualquer forma. Tenha uma fé inabalável sem perder a noção da realidade.

Nos oito anos de prisão, Stockdale e sua esposa escrevem um livro, em capítulos alternados, chamado "No amor e na guerra". Relatam os oito anos de separação, as torturas e o amor que vence o teste do tempo. Aqui, vale um último destaque: amar torna a prova mais leve. Ame. Feliz páscoa! Bom dia!

131

O tempo

Ouvimos: "tempo é dinheiro". Mas tempo não é dinheiro. Tempo é vida, ou melhor, é a expressão da vida. Quando o tempo chega ao fim, a vida não mais se expressa.

Alguém diz: "quero recuperar o tempo perdido". Mas tempo não é objeto. E ele não foi perdido. Você pode recuperar uma roupa, uma pasta, um caderno. Mas nunca o tempo. O tempo sempre vai deixando de ser seu, segundo a segundo.

Meu tempo é minha vida. Minha falta de tempo é minha falta de vida.

Se eu digo: "não tenho tempo para você", leia: não tenho vida para você. Não temos vida em comum. E, logo, não colheremos o que nossa vida em comum poderia gerar. Temos morte em comum. E a morte em comum tem nome: solidão.

Se você diz: "não tenho tempo para estudar", assuma: "não tenho vida para os estudos". E você não colherá o que a vida de estudos é capaz de propiciar. Há uma morte de estudos. E a morte do conhecimento tem nome: ignorância.

Então, você pode conhecer alguém solitário, ignorante e rico. E perguntará: por quê? Porque ele pensa que tempo é dinheiro. E dedica a vida a isso.

E se acabar o dinheiro? Pode ser que acabe a vida. Por isso, a falência da empresa é, por vezes, a morte do empresário. Há quem se suicide com a quebra.

Entenda: a forma como você enxerga o seu tempo demonstra a maneira como você enxerga a sua vida. Quando alguém lhe diz: "não desperdice o seu tempo", escute: "não desperdice a sua vida". Por isso, relacionamentos fracassados, empregos depressivos e pessoas opressoras não merecem o seu tempo. Porque perder tempo é perder vida. É a morte na vida.

E, confesse, não é isto que temos visto hoje? Mortes andando na rua, mortes carimbando documentos, mortes dando plantão em hospitais. Mortes, de mãos dadas, chegando a eventos, a festas, a ocasiões.

Não abra mão da sua vida. Não abra mão do seu tempo. Vivamos enquanto temos tempo. O tempo é a expressão da vida. Bom dia!

132
Desse jeito, você nunca...

Toda provocação contrária, seja humana ou circunstancial, gera uma energia, um sentimento inicialmente negativo.

Você está sentado à mesa. De repente, um comentário nocivo. A frase, invariavelmente, começa com "desse jeito, você nunca". Exemplo: alguém o convida para uma viagem. Você aceita. Aí, outra pessoa, sentada à sua frente, diz: "desse jeito, você nunca passará em um concurso" ou "desse jeito, você nunca terá seu apartamento". O que a provocação acima promove? Promove a raiva, o ódio, a fúria.

Daí, surge a sublimação, ou melhor, a sua capacidade de sublimar.

A sublimação consiste na transformação de um impulso indesejado em algo valioso. Trata-se do encontro da satisfação por via alternativa e construtiva.

Responda: como você se satisfaria no caso hipotético (mas não tão hipotético assim) acima? A priori, com um tapa na cara do provocador, uma resposta cruzada pesada e alguns xingamentos. Esse é o seu impulso. Mas o seu impulso é destrutivo. A energia gerada por acontecimento contrário ao nosso desejo deve ser investida em algo construtivo. Algo que fará bem a você, e não duplo mal (o mal do comentário e o mal da sua reação ao comentário). Marco Antônio Coutinho ensina: "a sublimação é a renúncia de um objetivo imediato por outro mais elevado e apreciado socialmente". Na química, é a passagem do sólido para o gasoso, do preso ao chão para o livre. É uma ascensão. Ascenda. É o mais inteligente. Por quê?

Primeiro, porque esse comentário indesejado pode ser verdadeiro. Então, a partir do desnudar do seu ilícito, você pode adotar outra postura. Por exemplo: viajar menos e estudar mais.

Segundo, porque a energia pode ser gasta em algo extremamente positivo para você. Quem nunca passaria, agora, é aprovado em primeiro lugar. Quem era sedentário torna-se maratonista. Quem vivia um descontrole emocional busca e encontra equilíbrio na arte, nos amigos e na reflexão. Temos, então, uma pessoa mais inteligente, interessante e equilibrada.

Desenvolva sua capacidade de sublimação.

Por fim, anote: a frase externa e audível do "desse jeito, você nunca" deve ser seguida da resposta interna e silenciosa do "agora, você vai ver". Bom dia!

133
Uma guerra que não é sua

O texto de hoje parte de duas máximas. Primeira: nunca entre em uma guerra que não seja sua, por mais que você ame o guerreiro. Segunda: a sabedoria está em aconselhar nossos amores em suas ações, não em agir por eles.

Vivemos a geração nem-nem. Pessoas que nem estudam, nem trabalham. Elas chegam a 20 por cento da população jovem brasileira. Na Espanha, onde o termo nasceu ("Ni-Ni", derivado de "ni estudian ni trabajan"), 50 por cento dos jovens até 34 anos continuam na casa dos pais. É o que ensina a professora doutora Zélia Nolasco. E por quê? Em grande parte, em razão de uma superproteção.

Mas quais as consequências de você fazer pelo outro o que ele deveria fazer? Pelo menos, cinco.

Primeira: o substituído não desenvolve habilidades para enfrentar desafios futuros. Quem tem tradutor de inglês nunca aprende o idioma.

Segunda: você cria um círculo vicioso. Sempre que essa pessoa passar por problema da mesma natureza, ela o procurará. E ela não vai querer que você a ajude a resolver o problema, ela vai querer que você resolva.

Terceira: você impede que o "auxiliado" tenha uma adequada compreensão da realidade. Se você dá mesada para o seu filho de 35 anos, me desculpe, mas ele não tem consciência do que é desemprego. E não se iluda: nenhuma conversa substitui a experiência.

Quarta: em algum momento da vida, você não poderá substituir aquela pessoa e isso será dramático. Imagine que seu companheiro(a) decida prestar concurso. Você pode incentivá-lo, mas não pode estudar por ele, prestar a prova por ele, tornar-se promotor por ele. Quando a obrigação é personalíssima, superprotetores são os maiores inimigos dos superprotegidos.

Quinto: quem abraça a guerra alheia acaba se esquecendo da própria. Pais que sustentam filhos de quarenta anos e suas excentricidades, por vezes, não suportam a pressão e vão à bancarrota. Esquecendo-se da própria guerra, vivem a vida de outrem e permitem dupla derrota.

Por fim, encerro com duas sugestões. Primeira: se alguém lhe pedir ajuda, ajude, mas não substitua aquela pessoa. Segunda: não se culpe por permitir que o peso da responsabilidade de João recaia sobre João. Cada um deve viver a sua própria guerra. Bom dia!

134
Faz diferença

Dave Scott venceu por seis vezes o Ironman, no Havaí. Em seus treinamentos, Scott pedalava 120 quilômetros, nadava 20 mil metros e corria 27 quilômetros. Todos os dias. Mas informa Jim Collins, em "Feitas para vencer", que Dave tinha uma crença. Ele cria que uma dieta pobre em gordura e rica em carboidratos lhe daria vantagem adicional. Assim, literalmente, Scott lavava seu queijo cottage para extrair o excesso de gordura. Nascia a expressão entre os pesquisadores de Stanford: "é preciso lavar o cottage". Concordo, não foi o ato de lavar o queijo que fez Dave ser o vencedor do Ironman por seis vezes. Mas acredite: faz diferença. A depender do nível de excelência almejado, não se pode negligenciar o detalhe.

Percebo dois comportamentos. O primeiro: pessoas que se propõem a um desafio, empreendem esforço considerável, mas nunca se dispõem ao sacrifício detalhado. O segundo: pessoas que se preocupam apenas com os detalhes, nunca fazem o principal. As primeiras têm desempenho mediano. As segundas, desempenho pífio.

E o *modus operandi* é perceptível em todas as áreas. Nos estudos, quem estuda e não revisa antes da prova negligencia os detalhes. Já, quem não estuda e assiste apenas à revisão engana-se na estrutura. Na família, quem apoia os parentes, mas é incapaz de ir a um aniversário, peca nos detalhes. Já quem não ajuda e aparece apenas nos eventos festivos viola o principal. Na alimentação, vale o mesmo.

Entenda: não se preocupar com os detalhes faz de você alguém mediano. Preocupar-se apenas com os detalhes faz de você um mentiroso. É o caso de gente que finge que estuda, finge que faz dieta, finge que a família é perfeita.

Provavelmente, não seja possível ter alto desempenho em todas as áreas da vida. Mas é preciso eleger áreas em que queremos ter excelência. Depois de eleitas, estejamos dispostos. Dispostos a que? A pedalar 120 quilômetros, nadar 20 mil metros, correr 27 quilômetros e, claro, a lavar o queijo cottage. Bom dia!

135

Você é capaz de fazer aquilo que condena

"O médico é o remédio", título do conto machadiano. Eis a história: Julieta desabafa com Maria sobre Malvina. Malvina, sendo sua amiga, roubara-lhe o noivo. Era dupla facada: no peito, dada pelo ex-noivo, e nas costas, dada pela ex-amiga. Agora, casar-se-iam. E Julieta estava desolada. Maria conta a história para José, seu noivo. E ele decide ajudar Julieta. Vislumbra Miranda. Tenta convencê-la a aceitar o pretendente. Mas, de tanto se encontrarem, Julieta e José se apaixonam e, semanas depois, se casam. Agora, Maria é quem está desolada. Ela recebera dupla facada. Julieta foi Malvina.

Do conto de Machado de Assis extraio alguns pontos.

Primeiro: você é capaz de fazer aquilo que condena. Mude as circunstâncias, e as pessoas serão outras. Os comportamentos serão diversos.

Segundo: a melhor pessoa do mundo já foi a pior pessoa em algum momento, em alguma circunstância, na vida de alguém. O melhor namorado já foi o pior namorado de alguém. A pessoa mais sincera já foi falsa.

Terceiro: comportamentos pontuais não podem ser universalizados. Não é porque uma pessoa foi má em algum momento que ela o será em todos. Quem já mentiu pode estar disposto a falar a verdade. O sofrimento transforma o sofredor.

Quarto: o tempo muda as pessoas. Em semanas, Julieta tornou-se Malvina. Machado de Assis, parodiando Shakespeare, na crônica "Bons dias", dirá: "Há entre a vossa e a minha idade, muito mais coisas do que sonha a vossa vã filosofia." A diferença de idade não é só uma diferença numérica. Há muito mais coisas que a vida lhe reserva nos próximos anos do que você pode cogitar.

E dos pontos extraídos extraio lições.

Primeira: as pessoas merecem uma segunda chance. Um voto de confiança, apesar da desconfiança.

Segunda: você merece uma segunda chance. Provavelmente, você terá um comportamento diferente em um novo ambiente, em uma outra relação, em uma nova fase.

Terceira: se você não convive com alguém há 05 anos, me desculpe, mas você não o conhece mais. Ou você é o mesmo de cinco anos atrás? Portanto, não persista em seus julgamentos.

Última: ferir-se, ferir e ser ferido são inevitáveis quando o assunto é o coração.

Um domingo de novas chances! Bom dia!

136
Sonhos

Há anos, ouvi um palestrante falar a funcionários de um supermercado. Ele questionou quanto uma colaboradora gostaria de ganhar. Ela disse: "meu sonho é R$ 2.000,00". Alguém cochichou: "nossa, meu sonho é R$ 5.000,00". Sonhos. Cada um tem um. Mas você já pensou que a sua realidade é o sonho de muitos.

Em um platonismo doentio, amamos apenas o que não temos. Valorizamos a falta. Menosprezamos a presença. Desprestigiamos os que nos prestigiam. Prestigiamos os que nem pensam em nós. É preciso valorizar o que tem valor, considerar o que a vida nos deu para administrar. Em verdade, penso que não temos nada, apenas administramos. Um dia, o sujeito vai embora e não leva nem o corpo que ocupou por aqui. Apenas administrou. Fernando Pessoa dirá que a pergunta sobre o que você leva da vida explicita um materialismo. Queremos levar algo daqui. Não, você não leva da vida nem a vida que você leva. Tenha gratidão.

Mas há sonhos que você ainda não viveu. Tenho alunos que sonham em ser juízes. Os sonhos são grandes, os sonhadores muitos e as vagas poucas. Estudiosos avançam para a segunda fase. E, na segunda fase, a aprovação depende de uma pergunta razoável, uma resposta razoável e uma correção razoável. E o encontro de três razoabilidades é muito raro. Concordo que obstáculos estimulam. Mas os muitos obstáculos e a nenhuma vitória entristecem. E as pessoas pensam em desistir. Desejam não desejar o que desejam. Como, então, continuar? Conscientizando-se de que não é só por você.

No dia em que você conquistar seu objetivo, sua vida mudará. Mas eu não quero falar sobre a mudança da sua vida, nem sobre as mudanças diretamente causadas pela mudança da sua vida. Eu quero falar de mudanças indiretas. Falar sobre o filho da sua faxineira que vai vê-lo de terno e decidirá ser juiz. Sobre o primo, que desistiu de estudar, mas que, ao vê-lo aprovado, voltará aos estudos. Sobre os alunos que precisarão da sua boa palavra para continuar sonhando.

A realização do seu sonho é uma indústria de sonhos de produção incalculável. Quando pensar em desistir, lembre-se: não é só por você. Seu sonho tem um propósito maior do que o propósito que você tem para o seu sonho. Continue caminhando.

137

O que as pessoas veem?

Abra o jornal. "Empresa X pede recuperação judicial. Artista João se divorcia. Conheça a história de Carlos, aprovado em 12 concursos". Agora, feche o jornal e abra a cabeça. Pense nas conversas que você tem com quem você conhece sobre quem você não conhece. "Fulana de tal comprou uma casa, casou com Beltrano, fez doutorado na França". Perceba: falamos sobre feitos. Comentamos o que aconteceu. Percebemos a construção pronta (ou destruída), e não as coisas sendo construídas (ou desconstruídas). O jornal nos diz que a empresa pediu recuperação. Só que nunca nos contou sobre a crise séria que ela vivia há 3 anos.

Carlos foi aprovado em 12 concursos, mas foi reprovado em 16. E só foi aprovado após 36 meses de estudo.

Fulana fez doutorado na França, mas apenas depois de dois anos estudando francês e de outros três morando longe de casa, da família e de todo conforto que a vida cotidiana nos oferece.

Entendo eu: é natural que as conversas sobre resultados prevaleçam. Mas entenda você: há um problema sério aí. O problema da distorção do tempo. Passamos a ter uma concepção errada sobre o lapso temporal necessário para uma colheita. Como só noticiamos feitos, achamos, ainda que imperceptivelmente, que eles acontecem da noite para o dia.

O sujeito fixa uma meta e quer que ela se cumpra em três meses. Alguém abre uma empresa e pensa que dará lucro estupendo no segundo dia. Outrem conhece uma pessoa e conclui: ou é casamento até o fim do ano ou eu largo.

E essa distorção do tempo produz pessoas impacientes, despreparadas e tristes.

Como os grandes desafios da vida exigem tempo e a pessoa é impaciente, ela os abandona. Como, então, eles não são superados, ela fica triste. Uma sociedade feita de pessoas impacientes, despreparadas e tristes.

O texto de hoje é uma sugestão de reelaboração temporal dos seus projetos. Um convite à abertura da mente para fixar novos marcos. E também uma reflexão: se você não tem planos que exijam cinco anos, faltam desafios maiores na sua vida. É hora de se esquecer um pouco do que está feito e de pensar no você está fazendo. Bom dia!

138

Por que é importante que você exista?

Imagine que hoje fosse seu último dia de vida. Calma, provavelmente, não é. Mas imagine. E, imaginando, responda: por que foi importante você existir?

Tudo bem, você veio ao mundo, estudou alguma coisa, trabalhou (ou fingiu que trabalhou) em algum lugar, casou-se (ou quase) com alguém. Mas e aí? Por que foi importante ao mundo que você estivesse aqui? O que mudou com você na Terra?

Pausa. Compartilho particularidade. O Instagram me permite conhecer o perfil do público que me segue. 56% têm entre 25 e 34 anos. Então, atualizo o contexto e a pergunta.

Imagine que você tenha mais 60 anos de vida. Agora, questiono: por que é importante que você exista? Que diferença fará ao mundo a sua presença por aqui?

Há pessoas que fizeram diferença. Pense. E se Einstein nunca tivesse existido? E se Churchill tivesse desistido? E se Pasteur tivesse morrido aos 02 anos de qualquer das doenças que ajudou a combater? E se Mandela tivesse sido assassinado aos 15? E se... E se você não tivesse nascido?

A covardia é senhora da mediocridade e escrava do medo. Pessoas medrosas têm uma vida de tédio, mas com conforto. Chamam a covardia de prudência e apontam as quedas alheias. Mas pergunto: você quer viver isso?

Que dia você vai criar senso de propósito?

Gosto de duas máximas que ouvi de J. B. Carvalho. Primeira: você acredita em vida antes da morte? Segunda: não reclame da sua colheita, reclame das suas sementes. Você apenas está colhendo o que semeou.

O Brasil precisa de reformas, concordo. Em diferentes medidas, precisamos de reforma tributária, previdenciária, política etc. Mas apoio Nizan, quando diz: "a principal reforma de que o Brasil necessita é a reforma da mentalidade". É hora de criar senso de propósito. Concluo com o começo: por que é importante que você exista? Bom dia!

139
A importância do ideal

"Noites Brancas" é um pequenino livro de Dostoievski. No pouco tempo que tenho, tenho lido a obra. E a obra, educadamente, me tem lido. Segundo os críticos, "Noites Brancas" é o primeiro livro de quem decide conhecer o escritor. Pois bem, cá estamos.

O protagonista é um sujeito tímido e estranho (até porque timidez e estranheza, geralmente, andam juntas). Ele conhece uma mulher, fica encantado e sem poucas palavras (não para de falar). Até que ela o questiona: "você já amou alguém?" Sim, responde o homem. Ela insiste: "quem?" Então, ele explica: não era uma mulher concreta. Ele amara uma ideia, um ideal de mulher criado e cultivado. Mas, agora, diante do real, da mulher de verdade, ele experimentava novo amor.

Qual a importância do ideal? Que papel exercem nossos sonhos mais improváveis na nossa vida?

João quer ser juiz em São Paulo (tudo bem, este é um sonho provável). Ele é paulista, sua família mora lá, seus amigos também. Todos os dias, João estuda com essa esperança. De repente (leia-se: quatro anos depois), João é aprovado. Aprovado no Paraná.

Pois bem! Estritamente, o plano de João não deu certo. Não era exatamente o que ele queria. Mas, tempos depois, você encontra João. Ele mora em Londrina, é casado com uma paranaense e sente-se feliz.

Perceba: o plano não precisa se cumprir, mas precisa existir. E é preciso que sejamos devotos a ele, até que um plano diferente se cumpra. Em verdade, nunca (ou quase nunca) o que planejamos se cumpre exatamente. E isso me parece até bíblico: os pensamentos divinos são mais altos do que os nossos.

Mas veja: se João não sonhasse em ser juiz em São Paulo, ele jamais seria juiz no Paraná. Foi o sonho que lhe deu ânimo para estudar. Não fosse o seu ideal, João não teria o real.

Portanto, não tenha medo de seus sonhos improváveis. E dedique-se a eles como se tivessem que se cumprir. A vida acontecerá de forma diferente. Só que, quando isso ocorrer, lembre-se: foi o seu sonho que lhe deu a força para semear. E foi a intervenção divina, que transformou a colheita. Transformou em uma colheita melhor. Bom dia!

EDITORA JusPODIVM
www.editorajuspodivm.com.br
Impressão e acabamento:
impress gráfica e editora